사회심리와 인간소외

사회심리와 인간소외

1판 1쇄 2005년 7월 30일
1판 3쇄 2014년 2월 27일

지은이 · 오창호 | **펴낸이** · 한봉숙 | **펴낸곳** · 푸른사상사
등록 제2−2876호
주소 서울시 중구 충무로 29(초동) 아시아미디어타워 502호
대표전화 02) 2268−8706(7) | **팩시밀리** 02) 2268−8708
메일 prun21c@hanmail.net
홈페이지 www.prun21c.com

@2009, 오창호

ISBN 89−5640−347−3−93810

값 13,000원

사회심리와
인간소외

오 창 호

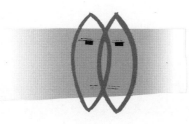

푸른사상
PRUNSASANG

머리말

　사회심리학은 사회적 존재로서의 개인 상호간의 영향, 사회적 힘(social force)이 구성원에게 미치는 영향, 조직 혹은 집단과 그 구성원간의 상호 작용을 살아 움직이는 동태적 측면에 주안해서 다루는 사회과학이다. 어쩌면 사회심리학처럼 우리의 일상생활에 밀접하게 관련된 현상이면서도, 평소에 우리가 그 실상을 외면하고 있는 적나라한 현상을 다루는 학문도 별로 없을 것이다. 그래서 막상 알고 보면 사회심리학처럼 친근하고 재미있는 학문도 그리 많지 않을 것이다.

　날마다 우리는 전파매체, 활자매체, 혹은 영상매체를 통한 광고메시지의 홍수 속에서 나도 모르는 사이에 파블로프의 개나 스키너의 비둘기처럼 조건화되면서도, 스스로는 자율적 선택의 주체라는 환상에 도취되어 있다. 우리는 특정 배역의 탈을 쓰고 짙은 무대화장을 하고 남에게 보다 좋은 인상을 심어주기 위해 자신감 있게 다가가면서도, 때로는 타인의 의식의 거울에 비친 나의 모습을 끊임없이 되씹어 볼 정도로 타자 의존적인 존재들이다. 일상생활을 통해 우리는 세련된 언어를 구사함과 동시에, 언어로 담아낼 수 없는 여러 가지 욕망을 의식의 심층 저변으로 억압하면서도, 자신의 이러한 분열상을 드러내지 않으려고 노력하는 가운데 비로소 사회적으로 수용될 수 있는 순응적 존재로 인정받게 된다. 일상적으로 우리는 다른 사람들이 하는 것처럼 따라하는 동조적 삶을 살면서도, 남들과는 어디가 달라도 다른 나만의 개성적 삶을 살고 있다고 자부하기도 한다.

학문적 관점이든 상징적 관점이든, 우리는 평소에 자연스럽고 당연한 일로 생각해 온 사회적 환경을 비판적으로 성찰할 필요가 있을 것이다. 근거 없는 비판은 담론의 혼란을 야기하겠지만, 비판 없는 동조는 사회 발전과 자아실현을 가로막기 때문이다. 따라서 사회심리학을 공부할 때에도, 진부한 기능주의적 관점에 무비판적으로 동조할 것이 아니라, 사회적 삶의 현실적 모습을 항상 그 규범적 본질의 관점에서 비판적으로 조명해보는 자세가 필요할 것이다. 그 이유는 현상과 본질간의 괴리가 심한 사회가 병든 사회요, 그 괴리를 좁히려고 노력하는 사회가 건강한 사회이기 때문이다. 그래서 필자는 '사회심리와 인간소외'를 이 책의 주제로 삼았다.

이 책은 우선 행동주의, 인지이론, 정신분석이론, 상징적 상호작용이론 등 사회심리학의 이론적 관점부터 소개하고, 이러한 관점의 토대 위에 사회화, 대인지각 및 귀인이론, 태도형성과 태도변화, 집단역동이론, 동조적 행동과 일탈행동에 관한 문제를 다루었다. 그리고 마지막 장은 철학적 및 사회학적 소외이론을 간략하게 요약한 후, 시이맨의 사회심리학적 소외이론을 소개하는 순서로 구성하였다.

   이 원고를 준비하는 과정에서 본인은 2005년 2월에 퇴임하신 전경갑 교수님의 도움에 힘입은 바 크다. 이제 사회심리학을 맡게 된 본인이 내실 있는 수업을 위해 교재가 필요한 시점에, 부경대학교에 사회심리학을 처음 개설하신 교수님께서 그 동안 수집한 여러 자료들을 기꺼이 제공해 주셨기 때문에 이 책의 출판에 큰 도움이 되었다. 끝으로 이 책의 출판을 기꺼이 맡아주신 도서출판 푸른사상의 한봉숙 대표님 그리고 편집부 여러분의 노고와 호의에 대하여 감사의 인사를 드린다.

2005년 7월

지은이 오창호

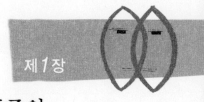

제1장

행동주의

사회심리학도 심리학처럼 인간행동을 연구하는 학문이긴 하나, 인간의 행동을 사회적 맥락(social context) 하에서 연구하는 것이 그 특징이다. 다시 말해서 사회심리학이 관심을 갖는 핵심적 주제는, (1) 어떤 개인이 타인에게 미치는 영향, (2) 어떤 집단이 그 구성원에게 미치는 영향, (3) 어떤 집단 구성원들이 그 집단에 미치는 영향, 그리고 (4) 어떤 집단이 다른 집단에 미치는 영향 등 네 가지로 요약할 수 있다. 이러한 주제를 탐구할 때 사회심리학은 행동주의, 인지이론, 정신분석이론, 상징적 상호작용이론 등 심리학과 사회학의 다양한 이론적 관점을 활용한다.

행동주의는 행동수정 분야에 괄목할만한 업적을 쌓으면서도 가장 열띤 논쟁을 불러일으킨 학습이론이고, 그 기본 주장은 어떤 자극(S)을 지속적으로 제공하면, 그 자극이 의도한 반응(R)을 나타내도록 할 수 있다는 것이다. 경험적 관찰이 가능한 자극과 반응만 중요시하는 입장이

Pavlov, Thorndike, Skinner 등의 전형적 행동주의(S-R) 이론이고, 관찰할 수는 없지만 동인(動因)이나 인지(認知) 같은 유기체(O) 변인을 상정하지 않으면 자극과 반응의 연결을 해명하기 어렵다는 입장이 Hull, Tolman 등의 수정된 행동주의(S-O-R) 이론이다. 따라서 행동주의를 두 가지 큰 계보로 구분하면 다음과 같다.

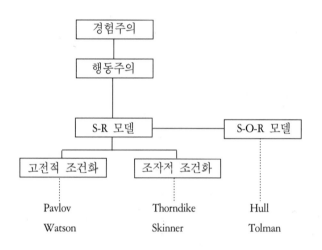

널리 알려진 것처럼, 행동주의의 인간관은 인간의 본성을 나쁘다고 보는 성악설(the doctrine of original sin)도 아니고, 인간의 본성을 선량하다고 보는 성선설(the doctrine of innate purity)도 아니다. 행동주의는 인간의 본성을, 선하거나 악한 것이 아니라, 백지와 같다고 보는 J. Locke의 백지설(the doctrine of tabula rasa)에 근거하고 있기 때문에, 환경이 제공하는 보상(rewards)과 처벌(punishment)에 따라 인간행동을 통제 조종할 수 있다고 보는 경향이 있다.

1.1 Pavlov의 고전적 조건화

파블로프(Ivan Petrovich Pavlov: 1849~1936)는 원래 소화샘(digestive gland)의 기능에 관한 연구로 1904년에 노벨의학상을 받은 러시아 생리학자이다. 파블로프는 음식을 생각하는 것만으로도 소화액이 분비된다는 사실에 착안하여, 처음에는 이 현상을 심리적 분비(psychological secretion)라고 생각하였다. 그러나 그는 심리적 분비를 생리적 반사로 파악하고, 생리적 반사의 분비량을 수량적으로 측정할 수 있는 방법을 고안함으로써, 결국, 심리적 현상을 과학적으로 연구할 수 있는 새로운 인식의 지평을 열어놓았다. 개를 대상으로 한 실험에서 탐구의 새로운 지평을 열게 된 파블로프의 고전적 실험의 핵심은 다음과 같이 간단한 것이다.

개는 원래 파바로티나 도밍고의 노래를 들어도 아무 반응이 없고, 아름다운 종소리를 들려주어도 반응을 보이지 않는다. 개에게 노래나 종소리는 중성 자극(neutral stimulus)이다. 그러나 개에게 먹이를 주면, 꼬리를 흔들면서 좋아하고 타액을 분비한다. 개에게 먹이는 무조건 자극(unconditional stimulus)이고, 좋아서 꼬리를 흔들거나 타액을 분비하는 반응은 무조건 반응(unconditional response)이라고 한다. 파블로프는 자신이 고안한 실험실(laboratory at the Military Medical Academy)에서, 이 두 가지 자극을 연결시키는 실험을 수행하기 위해, 먹이를 줄 때마다 종소리를 함께 들려주었다. 종소리와 먹이, 즉 중성 자극(NS)과 무조건 자극(US)을 시간적으로 인접되게 짝지어 제시하는 과정을 여러 차례 반복하면, 나중에는 종소리만 들어도 개가 타액을 분비하는 반응을 나타낸다는 사실을 확인한 것이다. 이러한 반응은 중성 자극과 무조건 자극을 시간적으로 인접되게 짝지어 제시하는 반복학습을 조건으로 형성된 것이기 때문에 우리는 이를 조건 반응(conditioned response)이라고 한다.

결국, 파블로프의 고전적 실험에서는 종소리의 자극(S)이 타액을 분비하는 반응(R)과 연결되었고, 중성 자극이었던 종소리를 듣기만 해도 침을 흘리지 않을 수 없도록 조건화시킨 것이다. 이러한 조건화를 고전적 조건화(classical conditioning)라고 한다. 그러나 조건화가 형성된 후에, 만약 종소리만 제시하면서, 먹이를 주지 않으면, 타액분비의 양이 점차 감소되다가 마침내 반응이 전혀 일어나지 않게 되는데, 이러한 현상을 학습의 소거(extinction)라고 한다. 따라서 무조건 자극(US)은 타액을 분비하는 반응의 빈도를 높여주는 강화제(reinforcer)의 역할을 수행하는 셈이고, 반응의 빈도를 높여주는 이러한 과정을 강화(reinforcement)라고 한다. 파블로프의 조건화 과정은 다음과 같이 도표화할 수 있다.

조건형성 前	조건형성 中	조건형성 後
NS ⟶ 무반응	NS ⋯⋯↘	CS ↘
US ⟶ 타액분비 (무조건반응) (UR)	US ⟶ 타액분비 (무조건반응) (UR)	타액분비 (조건반응) (CR)

중성 자극이 무조건 자극과 마찬가지 반응을 유발할 수 있게 하는 파블로프의 이러한 조건화는 오늘날의 광고에도 폭넓게 활용되고 있다. 새로 나온 어떤 상품은 아직 우리들 소비자들에게 중성자극이나 다를 바없고, 우리 모두가 좋아하는 어떤 인기스타는 우리에게 무조건자극이다. 인기스타를 보고 좋아하던 우리가 인기스타가 TV에 등장할 때마다 그 상품을 들고 나오는 화면에 지속적으로 노출되면, 결국에는 우리가 그 상품(S)만 보고도 좋아하는 긍정적 반응(R)을 나타낸다는 것이 고전적 조건화이론의 핵심적 주장이다. 이러한 원리를 이용하여, 광고를 제작하는 입장에서는 S—R connection을 효율적으로 형성하고, 형성된 S—R 연결이 소거에 대한 높은 저항력을 갖도록 하는 방안을 탐색할 것이고, 이를 비판하는 입장에서는 소비자본주의가 자율적 주체이어야 할 인간의 품위를 '파블로프의 개'로 전락시키는 비인간화를 촉진한다고 개탄할 것이다.

　　앞에서 설명한 것처럼, 먹이를 보고 타액을 분비하는 것이 무조건반사이고, 원래는 중성 자극이었던 종소리만 듣고도 침을 흘리는 것이 조건반사이다. 무조건자극과 중성자극을 반복적으로 짝지어 제시함으로써, 종소리(S)와 타액반응(R)의 결합을 형성하는 과정을 조건화라고 했다. 이와 같이 종소리와 먹이를 짝지어 조건화한 다음, 먹이는 제외하고 빛과 종소리를 반복해서 짝지어 제시하면, 빛만 보고도 조건화된 타액반응을 나타낸다. 우리는 이를 2차적 조건화(second order conditioning)라고 한다. 이는 애인이 즐겨 착용하는 신발까지 좋아하는 단계를 넘어, 그 신발에 묻은 진흙까지도 좋아하게 되는 것과 같은 조건화라 할 수 있다.

파블로프는 중성자극과 조건반응의 연결을 가능하게 하는 생리학적 메커니즘을 해명하는 데 깊은 관심을 가지고 연구하였으나, 이러한 조건화 이론을 인간행동의 수정에 응용하는 문제에 대해서는 매우 신중한 태도를 견지하였다. 그러나 미국의 왓슨(Watson)이 파블로프의 실험결과를 인간행동에 적극 도입하면서부터 파블로프의 고전적 조건화 이론이 행동주의 심리학의 효시로 알려지게 되었다. 물론, 동물과 마찬가지로 인간에게도 생리적 현상이 있기 때문에, 동물의 생리적 반사작용이 조건화될 수 있는 것처럼, 인간의 생리적 반사작용도 조건화될 수 있을 것이다. 그러나 생리적 반사가 조건화된다고 해서, 인간의 사고와 행동까지도 조건화될 수 있다고 하면, 이는 인간의 유적본질에서 이탈된 심각한 소외의 징후라 하지 않을 수 없다.

1.2 Thorndike의 조작적 조건화

러시아에서 파블로프가 개의 타액선 분비에 관한 연구에 착수하던 거의 같은 기간에, 미국에서도 학습이론의 선구자로 유명한 손다이크(Edward Thorndike)가 시행착오 학습(trial-and-error learning)에 관한 광범위한 동물실험을 수행함으로써, 실험심리학의 기초를 확립하는데 크게 기여하였다. 손다이크의 학습이론은 인간본성을 백지에 비유한 로크(J. Locke)의 경험주의 철학과 벤담(J. Bentham)의 심리적 쾌락주의(psychological hedonism)에 입각한 것이다. 인간의 심리는 고통을 피하고 쾌락을 추구한다는 것이 쾌락주의의 기본입장이다.

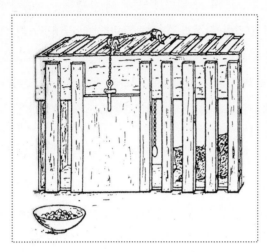

그러나 손다이크는 심리적 쾌락주의 원칙을 실험적 방법을 통해서 조작적인 행동의 관점에서 구체화하였다. 손다이크는 하버드대학에서 석사, 컬럼비아대학에서 박사과정을 이수하면서, 고양이나 개 그리고 병아리 같은 동물을 실험대상으로, 수수께끼 상자(puzzle box)와 미로를 사용하여 광범위한 학습실험을 수행하였다.

수수께끼 상자 속에 갇힌 굶주린 고양이가 상자의 문을 열고 탈출하여 먹이를 찾게 되는 과정에 대한 손다이크의 실험은 유명하다. 손다이크는 상자 속에 갇힌 고양이가 환경에 대하여 조작(operation)할 수 있는 반응목록 n 가지 중에서, 상자 안에 매달린 줄을 끌어당기는 특정 행동을 조작할 확률이 처음에는 1/n이지만, 시행착오 끝에, 우연히 표출된 특정 행동의 결과, 먹이를 얻게 되는 만족스런 사태가 수반되면, 특정 반응이 나타날 확률이 점차 증가하다가 결국 n/n이 되는 현상을 시행착오 학습이라고 한다.

시행착오 끝에 상자 안에 매달린 줄을 끌어당기는 조작적 행동에 성공하여 상자의 문을 열고 탈출하여 먹이를 찾게 되는 행동을 학습하게 된다는 것이다. 여기서 고양이가 상자 속에 매달린 줄을 끌어당기는 조작적 행동(R)을 표출하게 되는 확률은 상자의 문을 열고 먹이를 획득하는 만족스런 사태, 말하자면 강화 자극(S)에 의하여 높아진다는 것이다. 다시 말해서 강화자극(S)과 문을 여는 조작적 행동(R) 사이의 결합은 시행착오(試行錯誤)의 결과라는 것이다.

Thorndike는 1911년에 출판한 『동물의 지능: 실험적 연구』에서, 학습에 관한 연습의 법칙과 효과의 법칙을 발표하였다. 연습을 반복하면 자극과 반응이 확고하게 결합되지만, 연습을 하지 않으면 결합이 약화되어 결국 소거되는 현상을 연습의 법칙(the law of exercise)이라고 한다. 그러나 연습의 법칙을 손다이크 자신이 효과의 법칙으로 수정하였다. 효과의 법칙(the law of effect)이라고 하는 것은, 단순한 연습과 반복만으로 학습이 이루어지는 것이 아니라, 어떤 자극에 대한 반응이 형성된 직후에 만족한 사태(satisfying state of affairs)가 뒤따르면, 그 자극과 반응은 확고하게 결합되지만, 불쾌한 사태가 수반되면 그 결합이 약화되는 것을 뜻한다. 여기서 만족한 사태라고 하는 것은 강화를 의미한다. 따라서 효과의 법칙은 보상에 의하여 강화(reinforcement by reward)가 가능하다는 것이다.

1.3 Skinner의 행동수정이론

스키너(B. F. Skinner)는 1904년 펜실베이니아에서 태어났고, Hamilton 대학에서 생물학, 철학, 문학 등 다양한 과목을 수강하였다. 대학을 졸업한 후 한동안은 창작에 몰두하였으나 그 뜻을 이루지 못하고, 결국 행동주의 심리학을 전공하기 위해 1928년에 하버드대학 대학원에 입학하였다. 1931년에 「행동기술에 있어서 반사(reflex)의 개념」이라는 논문으로 학위를 취득하였다. 학위취득 후, 스키너는 미네소타 대학과 인디아나 대학에서 교수생활을 하다가 1948년에 다시 하버드대학으로 돌아와 거기서 왕성한 연구 활동을 수행하였다.

스키너는 파블로프와 손다이크의 실험적 연구를 근거로 하여, 1938년에 펴낸 『유기체의 행동: 실험적 분석』에서, 우선 반응적 행동(respondent behavior)과 조작적 행동(operant behavior)을 구분하고, 파블로프의 고전적 조건화(classical conditioning)와 손다이크의 조작적 조건화(operant conditioning)를 분석적으로 비교검토한 후, 조작적 행동과 조작적 조건화 이론을 바탕으로 해서, 자신의 이론인 조작적 행동주의이론과 행동수정이론을 발전시켰다.

① 반응적 행동과 조작적 행동

우선, 반응적 행동(respondent behavior)은 행위자의 의지와 전혀 무관하고 행위자가 통제할 수 없는 비자발적이고 수동적인 반응이며, 외부의 자극에 의하여 유발된 반응(elicited response)이다. 따라서 반응적 행동은 예컨대 불빛 때문에 눈동자가 수축되거나 음식을 보고 타액이 분비되는 경우처럼 반사적인 행동을 뜻한다. 한편, 조작적 행동(operant behavior)은 유기체가 자발적으로 방출한 반응(emitted response)이다. 이러한 행동은 우리가 환경에 대하여 어떤 행동을 능동적으로 조작(operation)하는 반응이라는 의미에서 조작적 행동이라고 한다.

고전적 조건화에서는 강화가 반응에 선행하지만, 조작적 조건화에서는 유기체가 환경에 대하여 어떤 반응을 조작한 후에 강화가 주어진다. 고전적 조건화에서는 유기체가 어떤 행동을 하든 상관없이 예컨대 종소리와 먹이를 짝지어 제시하기 때문에 강화는 무조건 주어진 것이라고 할 수 있으나, 조작적 조건화의 경우에는 유기체가 특정 반응을 나타내는 것을 조건으로 해서 강화자극이 제공되기 때문에, contingency of reinforcement라고 한다. 이 용어를 '강화의 우연성'이라고 번역하고 있으나, 그 뜻은 조건부 강화라고 생각해도 무방할 것이다. 따라서 반응의 조작은 강화를 얻기 위한 수단이라는 점에서 조작적 조건화를 도구적 조건화라고도 한다. 우리의 일상생활에서는 반사적 행동보다는 자발적인 행동이 많기 때문에 스키너는 조작적 조건화를 중요시한다.

② 행동수정(behavior modification)

심리학에서 오늘날 널리 사용되는 강화(强化) 개념은 파블로프보다는 손다이크의 실험에서 활용된 것을 스키너가 정교하게 발전시킨 것이다. 손다이크의 효과의 법칙은 특정 반응이 조작된 직후에 만족스런 사태가 뒤따르면 그 반응이 나타날 확률이 높아지고, 불쾌한 사태가 수반되면 그 반응이 나타날 확률이 낮아진다는 법칙이다. 여기서 '만족스러운 사태'는 보상(rewards)에 해당되고 '불쾌한 사태'는 처벌(punishment)에 해당된다. 그러나 손다이크는 효과의 법칙에서 처벌보다는 보상이 학습에 효과적이고, 보상이 수반되지 않는 단순한 반복과 연습은 학습에 도움이 되지 않는다고 생각하였다.

오늘날은 S-R이론이 조건화를 바탕으로 하는 행동주의로 체계화됨에 따라 보상이라는 용어 대신에 강화라는 용어가 폭넓게 사용되고 있다. 음식, 캔디, 용돈, 높은 점수, 혹은 칭찬처럼, 특정 반응이 나타날 확률을 높이는 모든 것을 강화라고 한다. 스키너 상자 속의 굶주린 비둘기가 나타낼 반응목록을 R_1 R_2 R_3 ⋯ R_n 이라고 하면, 상자 속의 특정 지점을 우연히 쪼을 확률은 모두가 $1/n$이다. 그러나 비둘기가 상자 속의 특정 지점을 쪼았을 때 먹이가 나온다면, 앞으로 같은 지점을 쪼을 확률이 높아질 것이고, 이러한 과정이 계속됨에 따라 그 반응이 나타날 확률은 1에 접근하게 된다.

여기서 스키너가 강조하는 것은 첫째로, 강화가 반응에 앞서 주어지는 것이 아니라 반응이 작동된 후에 주어진다는 점, 다시 말해서 강화는 반응 전에 예기되는 무엇이 아니라, 반응 후에 수반되는 조건이라는 점이고, 둘째로, 비둘기가 한번 강화된 후 같은 반응을 반복하게 되는 이유는 먹이를 얻기 위해서라거나 먹이가 나오기를 기대해서가 아니라는 점이다. 스키너의 행동과학은 목적이나 기대 같은 심리학적 개념을 철저하게 배제하는 것이 특징이다. 그는 손다이크와 달리 만족 혹은 불쾌 같은 개념도 사용하지 않는다.

스키너는 동물은 말할 것도 없고, 인간행동의 기술에 있어서도 목적이나 기대 같은 심리적 개념의 사용을 기피한다. 그래서 인간은 행동에 뒤따를 결과 때문에 행동하는 것이 아니라, 과거에 비슷한 행동을 했을 때 뒤따랐던 결과 때문에, 그 행동을 반복한다는 것이다. 스키너의 행동주의에 따르면, 인간은 결국 강화에 의하여 조형되는 목적 없는 존재에 지나지 않는다. 그래서 체계적 강화를 통해서 인간행동을 거의 마음대로 통제하고 조종할 수 있다는 것이다. 따라서 스키너의 행동수정(behavior modification) 이론에서는 강화가 중요한 위상을 차지하고 있다.

③ 강화계획(reinforcement schedule)

행동수정을 위한 조건화 과정에서 모든 반응을 강화하지 않고 일부의 반응만 강화하는 것을 부분적 강화(partial reinforcement)라고 한다. 계속적으로 강화하기보다는 부분적으로 강화하는 것이, 학습이 형성되기는 어려우나, 일단 학습되고 나면, 소거에 대한 저항력이 강력하다. 그러나 부분적으로 강화하려고 하면, 일정한 계획에 따라야 하는데, 이를 강화계획이라고 한다. 강화계획에는 고정계획과 변동계획 및 간헐적 강화 등 여러 가지 방법이 있다.

고정계획(fixed schedule)에는 일정한 회수마다 한 번씩 강화하는 고정비율강화와, 일정한 시간을 정해놓고 한 번씩 강화하는 고정간격강화가 있다. 이와 같이 고정간격으로 강화할 경우에, 만약 우리가 그 간격을 알아차리게 되면 강화가 제공되는 시점에만 반응할 가능성이 높을 것이다.

예컨대 학교에서 시행하는 중간시험과 기말시험은 그 간격이 고정된 시험이고, 그래서 대다수 학생들이 시험기간에만 열심히 공부하는 것도 고정간격강화가 학습행동에 미치는 영향이라고 볼 수 있다.

변동계획(variable schedule)에는 어떤 때는 2번째 어떤 때는 4번째마다 강화하지만 전체적으로 보면 평균해서 3회에 한번씩 강화하는 변동비율 강화와, 어떤 때는 10초 후에 어떤 경우는 30초 후에 강화하지만 전체적으로 보면 평균해서 매 20초 간격으로 강화하는 변동간격강화가 있다. 고정계획보다 변동계획이 지속적 반응을 유도하는 데 효과적이다. 예컨대 예고 없이 수시로 시행하는 퀴즈를 평가에 반영하는 것은 변동간격강화의 원리를 학습에 활용하는 평가방법이다.

이와 같이 계속적 강화보다는 부분적 강화가, 고정계획보다는 변동계획이 소거에 대한 저항력도 강력하고 반응이 지속적으로 나타날 확률도 높다. 그러나 가장 강력한 학습결과를 초래하는 강화방법은 비율과 간격을 모두 불규칙적으로 변화시키는 간헐적 강화(intermittent reinforcement) 계획이다. 스키너는 간헐적 강화를 통해서 쥐나 비둘기 같은 동물들이 점점 정교한 행동을 수행하도록 조건화할 수 있었고, 심지어 비둘기가 탁구를 칠 수 있도록 하는 실험에도 성공할 수 있었다. 뿐만 아니라, 비둘기는 간헐적 강화로 한 시간에 6000번이나 쪼는 반응을 하도록 조건화되었고, 부리에서 피가 날 정도로 반응을 계속했을 뿐만 아니라 그 행동도 규칙적이고 오래 지속되었다고 한다. 놀음에 한번 빠진 사람이 헤어나오기 어려운 것도 바로 이런 이유 때문일 것이다.

④ 자유와 존엄성

스키너는 결국 동물과 인간행동의 질적 차이를 인정하지 않기 때문에, 인간행동도 마음대로 수정할 수 있다고 확신하였고, 이러한 행동수정원리가 오늘날 정신병원, 상담소, 교도기관 등에서 응용되고, 교육현장에서도 프로그램 학습에 활용되고 있다. 스키너는 1948년에 출판된 『Walden Two』와 1971년에 펴낸 『자유와 존엄을 넘어서』(Beyond Freedom and Dignity)에서, 우리가 자유에 대한 환상적 신념을 버리고 통제의 불가피성을 인정해야 하며, 체계적 강화에 의하여 바람직한 행동을 형성할 수 있는 사회적 환경을 설계해야 한다고 주장하였다.

그러나 동물연구의 결과를 인간에 적용하는 스키너의 행동수정이론이 갖는 한계성에 대한 비판의 소리도 높다. 첫째로, 외현적 행동(overt behavior)만을 객관적으로 측정하는 행동과학이 "사회적으로 바람직한" 행동이 어떤 것인가에 관한 규범적 처방을 제시할 수 있다는 주장은 설득력이 매우 빈약하고, 둘째로, 행동수정이론은 동물행동과 인간행동 사이에 질적 차이가 없다는 기본상정에 의거하고 있으나, 만약 이러한 기본상정이 부정되면 행동수정이론의 타당성도 정당화될 수 없는 것이다. 설령 전체주의 사회의 경우처럼, 체계적 강화계획에 따라 인간행동이 획일적으로 수정될 수 있다고 해도, 이와 같이 획일적으로 통제되고 수정된 삶은 인간의 존엄성을 전면적으로 박탈당한 삶이기 때문에 행동수정이론은 사회통제의 원리로 악용될 수 있는 부정적 요소가 많다.

1.4 Hull의 동인(動因) 개념

헐(Clark L. Hull: 1884～1952)은 위스콘신대학을 졸업하고 1918년에 학위를 받으면서 이 대학 교수로 근무하다가 1929년에 예일대학으로 옮겼다. 처음에는 통계적 방법과 심리검사 등을 연구하였고, 최면술과 암시성에 관한 연구로 이 분야에 관련된 32편의 논문과 한 편의 단행본을 출판하는 업적을 남겼다. 학습과 동기에 관한 포괄적 연구를 통해서 헐은 1930년대부터 1950년대까지 신행동주의(neo-behaviorism)의 대표적 이론가로 인정받았다.

헐의 학습이론도 행동주의적 이론이긴 하나, 객관적으로 측정가능한 자극(S)과 반응(R) 사이에 유기체(organism)에 관련된 가설적 구성개념을 이론적 매개변수로 도입함으로써 종래의 행동주의(S-R)와 구별되는 신행동주의(S-O-R)를 제안하였다. 헐의 이러한 신행동주의 이론을 가설연역법이라고도 한다. 과학은 관찰과 실험에 의하여 획득되는 경험적 측면과 함께, 일관된 논리로 추론되는 설명적 내지 이론적 측면이 그 핵심을 이루나, 그 역사가 일천한 심리학의 기본법칙들은 다소 불확실하더라도, 우선 기본 타당성을 인정할 수 있는 공리를 상정하여, 엄밀한 연역추론을 통해서 그 이론을 체계화해야 한다는 것이다.

심리학은 인간행동을 연구하는 학문이고, 행동은 유기체가 생존을 목적으로 환경에 적응하는 활동이며, 이 목적이 방해될 때 결핍의 상태인 욕구(need)가 나타나며, 바로 이러한 결핍이 유기체의 동인(動因)이 된다는 것이다. 따라서 헐의 학습이론에서는 동인(drive)이 가장 핵심적 개념이다. 헐이 보기에는, 파블로프의 실험에서도 무조건자극(US)과 중성자극(NS)을 시간적으로 인접되게 짝지어주는 것만으로 조건화가 성공한 것이 아니라, 자극과 반응 사이에 유기체의 욕구와 동인이 작용했기 때문이라는 것이다. 뿐만 아니라, 헐은 제시된 어떤 자극에 대하여 특정 반응이 일어났을 때는 어느 정도 욕구를 만족시켜 주어야, 그 자극이 특정 반응을 야기하는 경향이 증가한다고 주장하였다. 그래서 Hull은 동인 감소(drive reduction)를 수반하는 것을 강화(reinforcement)라고 본다.

1.5 Tolman의 기호 학습

톨만(Edward Tolman: 1886~1959)은 행동주의 심리학자 중에서도 아주 특수한 이론적 지향으로 유명하다. 그는 하버드대학에서 원래 철학을 전공하였고, 우선 거기서 패리(Ralph Perry)와 윌리암스(Donald Williams)의 영향 하에 목적론적 행동주의를 배우고, 나중에는 레빈(Kurt Lewin)의 인지적 장(場)이론을 수용하여, 인지 이론적 요소가 가미된 신행동주의 이론을 고안하였다. 버클리대학 교수로 있던 1922년에 발표한 「행동주의의 새로운 공식」(A New Formula for Behaviorism)이라는 논문에서, 톨만은 '큰 덩어리'의 행동, 인지적 지도, 목적론적 행동주의 등 새로운 개념을 도입하는 신행동주의 이론을 발전시켰다.

① 큰 덩어리의 행동(molar behavior)

Tolman은 우리의 일상적 행동은 하나하나의 개별적 S-R 단위로 분리되어 있는 것이 아니라, 일련의 계열화된 행동들이 대단위로 통합되어 이루어진 것이라고 본다. 예컨대, S_1, S_2 같은 환경적 자극들이 실제로는 서로 분리된 것이 아니라, 우리의 지각이나 인지 속에서 상호 관련되고 통합되어 학습이 이루어진다는 것이다. 따라서 우리의 일상적 행동은 개별적 S-R 단위로 분리된 단편적인 분자적 행동(molecular behavior)이 아니라, S_1 -R, S_2 -R 등 다양한 S-R 단위들이 통합된 큰 덩어리의 행동(molar behavior)이라는 것이 톨만의 관점이다.

② 인지적 지도(cognitive map)

Tolman은 기계론적 행동주의자들이 일반적으로 '자극'이라고 부르는 것을 기호(sign)라고 본다. 그리고 앞에서 지적한 것처럼, 우리의 일상적 행동은 큰 덩어리의 행동(molar behavior)이기 때문에, 우리는 개별적 자극에 대하여 단편적으로 반응하는 것이 아니라, 기호들 상호간의 관계를 인지적으로 종합해서 지각하고 그 토대위에서 반응이 이루어진다고 보는 것이 톨만의 특징적 관점이다. 이러한 주장의 타당성은 쥐의 미로학습을 보아도 입증된다는 것이다. 여러 개의 통로가 있는 미로(迷路)에서 처음에는 가장 긴 통로만을 사용하여 미로학습을 완성시켰다. 그 후 모든 통로를 개방하였더니, 처음 학습에서 사용했던 통로를 사용하지 않고 곧 가장 짧은 통로를 거쳐서 먹이통으로 갔다는 것이다. 이러한 학습은

S-R 이론으로 이해하기 어렵다. 여러 가지 통로들, 말하자면 여러 가지 자극들의 관계를 인지적으로 종합하여, 먹이통이 있는 목표지점에 이르는 인지적 지도를 먼저 구성했다고 보는 것이다.

③ 목적론적 행동주의(purposive behaviorism)

인간은 외부의 자극에 대하여 수동적으로 반응만 하는 존재는 아니다. Tolman은 자극(S)과 반응(R) 사이에 인간의 인지, 기대, 목적의식 같은 매개변인이 작용한다고 본다. 예컨대, 파블로프의 실험에서도 개가 결국에는 벨소리(NS)를 음식(US)의 기호로 인지하고, 벨소리가 나면 음식이 주어질 것이라는 기대가 작용한 것이고, 손다이크의 실험에서도 상자 속에 갇힌 굶주린 고양이가 시행착오 끝에 상자 안에 매달린 줄을, 상자의 문을 열고 탈출하여 먹이를 찾을 수 있는 기호로 인지하고, 음식을 획득하려는 목적의식이 작용했다는 것이다.

요컨대 톨만의 기호학습 이론은 자극(S)을 독립변인, 이 자극에 의하여 야기되는 반응(R)을 종속변인으로 하고, 자극과 반응 사이에 유기체의 인지, 기대, 목적의식 같은 매개변인을 도입함으로써 종래의 기계론적 행동주의 S-R 모델의 한계성을 극복하고, 목적론적 행동주의를 제안한 것이다. 여기서 인지(cognition), 기대(expectation), 그리고 목적(purpose) 같은 매개변인은 유기체 변인이기 때문에, 톨만이 기계론적 행동주의의 대안으로 제안한 목적론적 행동주의는 S-O-R 모델이라고 할 수 있다.

제2장

인지이론

사회심리학의 기초이론으로 폭넓게 활용되는 인지이론은 다음과 같은 세 가지 이론을 포함한다. (1) Piaget의 인지구조 발달이론, (2) Wertheimer, Kohler, Koffka 등의 형태심리학 혹은 Gestalt 심리학, 그리고 (3) Lewin의 장(場)이론이다. 이들 세 가지 인지이론은 모두 인간과 사회를 연구할 때, 경험적으로 관찰할 수 있는 현상뿐만 아니라, 경험 현상들 상호간의 관계도 중요하다고 본다. 이는 관찰 가능한 구체적 실체만 중요한 것이 아니라, 실체들 상호간의 비가시적 관계도 중요하다는 것이고, 다시 말해서, 실체만 지각하는 것이 아니라, 실체들 상호간의 비가시적 관계를 능동적으로 구성하는 것이 인간 인식 혹은 인지의 특징이라는 것이다.

다시 말해서, 인지이론은, 예컨대, 입자나 전하뿐만 아니라, 그들 사이에 작용하는 전자기력을 개념화하는 능력을 중요시하는 입장이고, 따라서 인간은 경험적으로 관찰 가능한 개인들뿐만 아니라, 그들 사이에 작용하는 심리적 견인력이나 반발력 같은 비가시적 현상을 개념화할 수 있는 능력을 가진 존재라고 본다. 인지이론은 인간의 이러한 능동적 인식 능력을 중요시하기 때문에, 경험적으로 관찰할 수 있는 자극과 반응만을 중요시하는 행동주의와 대조적이다. 행동주의와 인지이론은 그 철학적 배경이 다르다. 행동주의는 인간이 대상세계를 수동적으로 반영하는 백지(白紙)와 같은 존재라고 보는데 비하여, 인지이론은 인간이 대상세계에 의미를 능동적으로 부여할 수 있는 존재라고 보는 것이다. 행동주의는 경험주의 철학에 뿌리를 둔 심리학 이론이고, 인지이론은 경험론과 합리론을 비판적으로 종합한 칸트의 구성주의 인식론에 근거한 것이다.

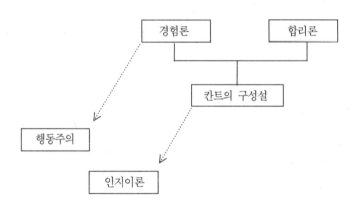

따라서 거의 모든 행동주의 이론들은 대상세계가 인식주체인 인간과 독자적으로 존재하는 고정된 실재라고 보며, 인간의 행동은 외부환경에서 오는 자극에 의하여 결정된다고 보는 환경 결정론적 입장을 지지하는 경향이 있다. 그러나 인지이론은 실재가 우리의 인식활동과 무관하게 독

자적으로 존재하는 것이 아니라 인식주체가 능동적으로 구성하고 인지한 결과라고 본다. 또한, 경험적으로 관찰할 수 있는 현상만을 중요시하는 행동주의가 전체는 그 구성요소의 산술적 합과 같다(T=$\sum$C)고 보는데 비하여, 인지이론에서는 전체는 그 구성요소의 산술적 합을 능가한다(T=$\sum$C+α)고 본다. 따라서 행동주의적 관점은 전체로서의 집단의 특성 같은 것은 이름뿐인 허구적 개념이라고 보는 이른바 명목론(nominalism)적 입장이고, 인지이론의 기본관점은 전체로서의 집단의 특성 같은 것이 실재한다고 보는 실재론(realism)적 입장이다.

오늘날 사회심리학에서 널리 쓰이고 있는 인지이론은, 앞에서 소개한 것처럼, 스위스 심리학자 Piaget의 인지구조의 발달이론, 독일의 Wertheimer, Kohler, Koffka 등이 개발한 지각에 관한 형태심리학(Gestalt Psychology), 그리고 지각의 문제를 해명하는데 치중한 형태심리학의 기본관점을 공유하면서도, 형태심리학자들과 달리 목적 지향적 행위의 원인이 되는 동기문제와 집단역동 연구에 관심을 기울인 Lewin의 장(場)이론 등이 대표적인 것이다.

2.1 Piaget의 인지이론

Piaget에 따르면, 인간과 환경간의 상호작용을 통해서 인지적 발달이 이루어진다. 그는 인간의 인지를 우선 기능의 차원과 구조의 차원으로 구분하고, 선천적 소여의 지적 기능(intellectual function)은 변화하지 않으나, 지적 구조(intellectual structure)는 성장의 과정에서 질적으로 구별되는 몇 가지 단계를 거쳐 서서히 변화한다고 보았다. 다시 말해서, 인지적 기능(cognitive function)은 선천적으로 유전되나, 인지적 구조(cognitive structure)는 후천적으로 완성되어 가는 것이라고 본다. 이와 같이 Piaget는 불변의 기능과 가변적 구조를 엄격히 구별하기 때문에, 그의 인지이론은 인지구조의 발달에 관한 이론이라고 보아야 한다.

Piaget가 한편으로는 불변의 선천적 기능이 있다는 사실을 상기시킴으로써, 태어날 때 인간의 마음을 백지 상태로 보고 본유관념의 존재를 전면적으로 부정한 경험주의의 그릇된 도그마를 비판하면서도, 다른 한편으로는 인지구조가 후천적 경험의 토대 위에서 단계적으로 변화해간다고 주장함으로써 경험의 중요성을 전면적으로 부정한 합리주의 철학의 일면성을 설득력 있게 비판한 것은, 인지이론의 발전을 위한 그 고유의 공헌이라고 할 수 있다. 요컨대, Piaget는 내용 없는 형식은 공허하고, 형식 없는 내용은 무질서하기 때문에, 경험적 내용과 선험적 형식을 동시에 구비한 지식의 가능근거를 밝히려 했던 칸트의 인식론을 이어 받은 것이다.

① 불변의 기능(functional invariant)

지적 기능을 Piaget는 적응(adaptation)과 조직(organization)이라는 두 가지 큰 차원으로 나누고, 적응을 다시 동화와 조절로 나눈다. 동화(assimilation)는 환경적 자극을 나의 기존 인지구조 속에 통합시키는 과정을 뜻하고, 조절(accommodation)은 기존의 인지구조를 수정하여 나를 환경에 맞추는 과정을 뜻한다. 한편으로는 환경을 자신에게 동화시키고, 다른 한편으로는 자신을 환경에 조절하는 적응의 과정에서, 경험에 필요한 인지적 도식(cognitive schema)이 서서히 조직화된다고 본다.

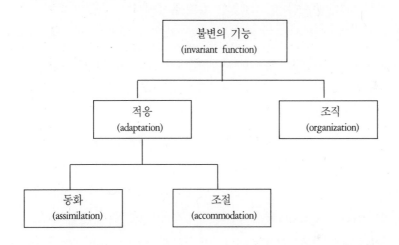

상호보완적 과정인 적응과 조직이 통합되어 전체적 기능을 가능하게 하기 때문에, 적응과 조직을 개념적으로는 구분할 수 있으나, 현실적으로는 불가분의 관계로 파악해야 한다. 다만, 적응이 지능의 대외적 측면이라면, 조직은 그 대내적 측면이라는 점은 다르다고 볼 수 있다.

② 변화하는 구조(developing structure)

불변의 지적 기능을 통해서 지적 구조는 단계적으로 발달하게 되며, 각 단계는 그 이전 단계의 발달과정을 반복하면서, 보다 고차적 수준의 인지구조 혹은 스키마(schema)로 통합되어 간다. Piaget는 인지구조의 이러한 점성적 발달(epigenesis)을 전조작 단계, 구체적 조작 단계, 그리고 형식적 조작 단계 등 세 가지 큰 단계로 구분한다. 여기서 조작(operation)이라고 하는 것은 개념적으로 사유하는 능력을 뜻한다.

첫째로, 전조작 단계(pre-operational phase)에서 신생아는 반사활동만 한다. 아직 개념적 사고가 불가능한 단계라는 것이다. 입술에 무엇을 갖다 대면 빨고, 손에 닿으면 잡는다. 그러다가 몇 달 후에는 병을 보고 잡아서 빨고, 소리가 나거나 빛이 비치면 그 쪽을 향해 주의를 기울이기 시작한다. 이러한 초기의 반응을 지향반응(orienting response)이라고 한다. 어린아이의 '젖 빨기'가 '빨기 일반'으로 발달하는 suction schema의 형성은 조직화 반응(organizing response)에 속한다. 약 5세까지 아이들의 정신상태는 자기중심적 나르시즘이 그 특징이다. 2세 전후의 아이는 다른 아이가 넘어져서 울면 자기도 울어버린다. 5세의 현철에겐 현수라는 동생이 있다. "현수에게도 형제가 있느냐"고 물으면, "없다"고 대답한다. 형제는 둘 뿐이고, 내가 현수의 형제이니, 현수에겐 형제가 없다는 것이다. 자기중심적(egocentric)이어서 주객이 미분화된 상태이다.

둘째 단계를 구체적 조작 단계(phase of concrete operation)라고 한다. 전조작 단계가 '동작적'이라면, 이 단계의 특징은 '조작적'이다. 구체적 조작단계에 이르면 개념적 조작, 다시 말해서 개념적 사유가 시작된다는 말이다. 그러나 구체적 조작단계는 구체적 사물을 제시하면서 설명하면, 개념적으로 사유할 수 있는 인지적 능력이 발달하는 단계라는 것이다.

이 단계의 아이들은 경험적 자료를 어떤 개념적 질서에 따라 조직하고 이를 문제해결에 활용하는 능력이 발달하기 시작한다. 따라서 약 6세에서 11세까지의 초등학교 학령아동에게는 실물의 제시가 필수적이다.

셋째 단계인 형식적 조작 단계(phase of formal operation)는 약 12세에서 15세에 해당되는 청년초기(early adolescence)의 인지단계를 지칭한다. 이 단계의 학생들은 성인과 같은 추상적 사고력을 습득하기 시작한다. 이제 그들은 구체적으로 존재하는 실물에 의존하지 않고, 가설적 명제만으로도 논리적 조작을 할 수 있게 된다. 지적 인식에 있어서도 표면적 수준에 만족하지 않고 그 내면까지 파악하려고 한다. 도덕적 행위에 있어서도 권위에 대한 단순한 복종의 차원을 넘어 도덕적 준거나 윤리적 규준에 순응하려고 한다.

2.2 Gestalt 심리학

독일어로 Gestalt는 영어의 'form' 혹은 'shape'에 해당하고, 이를 우리는 '형태'로 번역하기 때문에 Gestalt Psychology를 형태심리학이라고도 한다. 그러나 형태심리학에서 'Gestalt'라고 하는 것은 그냥 형태가 아니라, '구성요소와 요소들 상호간의 관계까지를 포함하는 구조화된 전체의 형태'를 뜻한다. 예컨대, Gestalt 심리학의 관점에서 어떤 부부를 보는 방식은, 두 사람 사이에 작동되고 있다고 생각되는 심리적 견인력 혹은 심리적 반발력에 비추어 두 사람의 언행을 파악하는 것이다.

Gestalt 심리학은 전체는 관찰 가능한 구성 요소가 갖지 않는 어떤 특성을 갖는다고 생각한다. 따라서 Gestalt 심리학은 자극요소(S)와 반응요소(R)만을 중요시하는 행동주의 심리학과는 그 기본관점이 전혀 다르다. 형태심리학은 1910년 Wertheimer가 프랑크푸르트대학 심리연구소에 부임하여, Kohler, Koffka 등 걸출한 공동 연구자들을 만나게 되고, 이들과 함께, 지각에 관한 연구에 착수하면서 본격적으로 발전하게 되었다. 아래에서 우리는 지각에 관한 형태심리학의 몇 가지 특징적 개념을 소개하고자 한다.

① 파이 현상(phi phenomenon)

벨트하이머는 1912년에 출판한 『운동 지각에 관한 실험 연구』(Experimental Studies on the Seeing of Motion)에서, 가느다란 틈을 통해 두 개의 빛을 빠른 속도로(1000분의 60초 간격으로) 번갈아 가며 깜박거리면, 우리는 스크린에 비친 두 개의 그림자를 개별적으로 지각하는 것이 아니라, 하나의 그림자가 이리 저리 왔다 갔다 하는 것처럼, 전체로서 지각하게 된다는 사실을 발표하면서, 이를 파이 현상이라고 명명하였다.

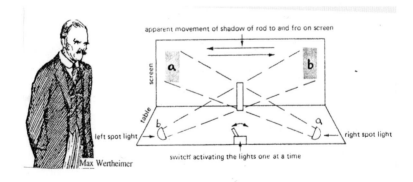

벨트하이머에 따르면, 이 실험에서 우리가 지각한 것은 (aØb)로 기호화 할 수 있다. 다시 말해서, 실제로 존재하는 두 개의 그림자 a와 b를 지각하면서, 동시에 a와 b 양자를 상호 관련된 전체로 통합시키는 것(Ø)까지 지각한다는 것이다. 요컨대, 파이(phi) 현상은 우리가 구체적 대상(a와 b)을 지각할 때는, 실제로 존재하는 요소들(a와 b) 뿐만 아니라, 요소들 상호간의 관계(Ø)를 포함하는 구조화된 전체의 형태로 지각하는 현상을 뜻하고, 이는 곧 전체는 그 구성요소의 합보다 크다는 사실을 입증한 것이다.

② 통찰학습(insightful learning)

형태심리학은 학습의 원리를 설명할 경우에도 학습상황을 이루는 구성요소 상호간의 관계에 대한 지각을 강조한다. 쾰러(Kohler)는 1913년부터 약 5년 동안 아프리카 연안의 테네리페섬에서 원숭이의 학습에 관한 일련의 실험을 수행하고, 1925년에 『원숭이의 지능』(The Mentality of Apes)이라는 저서를 통해 그 결과를 발표하였다.

원숭이의 손이 닿지 않는 높은 천정에 바나나를 매달아 놓았다. 그리고 서로 연결하면 길게 만들 수 있는 막대기를 몇 개 놓아 두었다. 원숭이는 처음에 바나나를 따먹으려 하다 실패하고 만다. 원숭이는 바나나에는 관심이 없는 것처럼 나무막대기를 가지고 장난하다가, 돌연 가느다란 막대를 굵은 막대에 끼워 바나나를 따먹었다. 상황에 대한 인지체계가 갑자기 바뀐 것이다. 이때 자기도 모르게 그 장면의 전체적 구조를 통찰했기 때문에 때로는 아하(Aha)라는 소리를 낸다. 쾰러는 '아하'를 체험하는 이러한 자발적 상황이해와 문제를 일거에 해결하는 능력을 통찰학습이라고 한 것이다.

쾰러는 자신의 이러한 통찰학습을 손다이크가 실험대상으로 삼은 쥐나 고양이 같은 동물들이 나타낸 맹목적인 시행착오학습과 대조시켰다. 손다이크의 시행착오학습에서는 동물이 뚜렷한 목적 없이 작동한 반응들 중 특정반응이 강화를 통해서 학습된다고 보나, 쾰러의 통찰학습에서는 전체적 상황을 구성하는 요소들 상호간의 관계에 대한 정확한 지각을 통해서 학습이 이루어진 것이다. 다시 말해서, 학습은 자극에 대한 기계적 반응이 아니라, 상황을 이루는 구성요소들을 상호 관련된 전체로 지각할 때 획득되는 통찰(insight)이라는 것이다.

코프카(Kurt Koffka)도 1924년에 출판한 『마음의 성장』(The Growth of Mind)을 통해서, 단순한 반복보다는 통찰에 의하여 학습이 이루어진다고 보는 것이 학습의 원리에 관한 보다 적절한 설명이라고 주장함으로써 손다이크의 시행착오 이론을 비판하였다. 요컨대, Gestalt 학파는 학습을 특정 자극에 대한 기계적 반응이 아니라 구조화된 전체를 파악하는 통찰이라고 본다.

미국 심리학자의 시행착오이론과 독일 심리학자들의 통찰학습간의 논쟁에 대하여, 영국의 럿셀(Russell)은 미국인들이 연구한 동물은 몹시 부산스럽게 뛰어 다니며 시행착오를 거듭하다가 우연히 목표를 달성하지만, 독일인들이 관찰한 동물은 조용히 앉아서 생각을 하다가 지적 통찰에 의하여 문제를 일거에 해결한다고 풍자적으로 비교하였다.

③ 프래그난츠(Pragnanz)

독일어 Pragnanz는 영어의 pregnant에 해당되고, 따라서 임신한 상태나 충만한 상태를 뜻한다. 그러나 형태심리학에서 '프래그난츠'라고 하는 것은 인간의 인지구조가 대상을 비교적 '좋은 형태'(good gestalt)로 지각하려고 하는 능동적 의미로 충만해 있다는 것을 뜻한다. 다시 말해서 인간의 인식은 대상을 분석적 단편적으로 지각하기보다는, 의미 있게 구조화된 '좋은 형태'로 지각하려는 능동적 의미를 체현하고 있다는 것이다.

근접성(proximity): 점과 같은 시각적 자극이든 소리와 같은 청각적 자극이든, 서로 가까이 붙어 있는 요소들은 그것이 하나의 조직된 전체로 지각되는데 이러한 현상을 근접성 원칙이라고 한다.

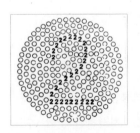

유사성(similarity): 오른 쪽 그림 중 진하게 인쇄된 작은 2자들이 결합하여 큰 2자를 만들고, 작은 0자들이 서로 뭉쳐서 큰 0자 혹은 원을 만든다. 이와 같이 유사한 부분들이 서로 뭉쳐서 지각되는 경향을 유사성의 법칙이라고 한다. 학습에 있어서도 유사한 것들끼리 조직한 후, 상이한 관점들과 대조하는 것이 이해에 효과적이다.

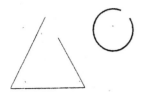

폐쇄(closure): 아래의 삼각형은 세 각 중 한 각이 없기 때문에 엄밀한 관점에서 보면 삼각형이 아니다. 원의 경우도 엄밀한 의미에서 원이라고 할 수 없다. 그러나 인간은 연결이 끊긴 부분을 우발적인 것으로 여기고, 불완전한 것을 완전한 삼각형 혹은 완전한 원으로 지각한다. 이러한 경우에 폐쇄의 법칙은 프라그난츠의 하위 법칙이다.

도형과 배경 현상(figure-ground phenomenon): 중앙을 약 10초 쯤 응시해 보면, 화병과 얼굴의 그림이 번갈아 보인다. 흰 부분을 배경으로 생각하면 두 개의 얼굴 도형이, 검은 부분을 배경으로 생각하면 한 개의 화병 그림으로 보인다. 이 그림을 고안한 덴마크 심리학자의 이름을 따라 'Rubin의 화병'이라고 부르는 이 그림은 배경 혹은 맥락과 무관하게 그 자체로서 객관적 진리는 있을 수 없다는 것을 상징한다.

요컨대, 게슈탈트 심리학의 지각이론은 첫째로, 파이현상(phi phenomenon)이 뜻하는 것처럼, 우리가 대상을, 개별적 단편적으로 지각하는 것이 아니라, 요소들간의 구조화된 전체의 형태로 지각한다는 점을 강조하고,

둘째로, 통찰학습의 원리가 강조하는 것처럼, 학습은 자극에 대한 기계적 반응이 아니라, 상황을 이루는 구성요소들을 상호 관련된 전체로 지각할 때 획득되는 통찰이라는 것이고, 셋째로, 프래그난츠 원리(Pragnanz principle)가 뜻하는 것처럼, 우리의 인지구조가 대상을 보다 좋은 형태로 지각하려는 능동적 성향을 체현하고 있음을 강조하는 것이 특징이다.

2.3 Lewin의 장(場) 이론

레빈(Kurt Lewin: 1890~1947)은 1914년 베를린대학에서 박사학위를 취득하고, 1921년부터 1933년까지 베를린대학에서 강의를 하다가 나치의 탄압을 피해 미국으로 망명하였다. 1935년부터 약 10년 동안 아이오와대학에서 교수생활을 하였고, 1945년에 매사추세츠 공과대학(MIT)의 집단역동연구소 소장으로 자리를 옮겼으나, 2년 후에 56세의 나이로 사망하였다. 레빈이 사망한 이후에도 Festinger, Heider, Cartwright, Kelley, Schachter, Thibaut, Zander 등 수많은 제자들과 동료들이 한동안 미국 사회심리학계를 주도하였다.

우리는 전하가 만들어내는 전기장이나 전류가 만들어내는 자기장이 있다는 사실과, 이러한 전자기장 속에 있는 금속이 전자기력의 영향을 받는다는 사실을 잘 알고 있다. 그러나 지금은 누구나 다 잘 알고 있는 이 평범한 이론도 그것이 처음 발견될 19세기 말경에는 과학적 관점의 근본적 전환을 가능하게 했을 뿐만 아니라, 철학과 사회과학 영역에서도 새로운 패러다임의 출현을 가능하게 한 획기적 사건이었다. 원래 파라데

이가 실험적으로 확인하고, 맥스웰(Maxwell)이 수학적으로 정당화한 이 이론의 핵심은, 물리적 현상의 이해에 본질적인 것은, 전하나 입자 그 자체가 아니라, 전하(charges)나 입자들(particles) 사이에 존재하는 공간적 영역 혹은 장(field)이라는 것이고, 물리학에서는 이를 장 이론(field theory)이라고 한다.

사회적 현상에 있어서도 본질적인 것은, 사회 구성원 개인이 아니라 구성원들 사이의 심리적 견인력과 반발력이 작용하는 심리적 장(field)이라고 유추할 수 있다. 레빈은 이러한 힘의 장(force field)이 구성원들의 동기를 결정하는 중요한 요인이 된다고 본 것이다. 레빈도 처음에는 벨트하이머, 퀠러, 코푸카 등 형태심리학자들의 영향을 받아, 지각(perception)의 문제를 연구하였으나, 나중에는 목적 지향적 행위의 원인이 되는 동기(motivation) 문제에 관심을 돌리면서 장(場) 이론의 발전에 결정적으로 기여하게 되었다. 일반적으로 사회심리학에서 장(場) 이론이라고 하는 것은 주로 레빈과 그의 동료들의 이론적 입장을 지칭한다.

① 생활공간(Life Space)

장(場) 이론의 관점에서 보면, 인간 행동(B)은 개인(P)과 그의 심리적 환경(E)에 의하여 결정되는 것이다. 여기서 심리적 환경이라고 하는 것은 물리적 환경과는 다르다. 심리적

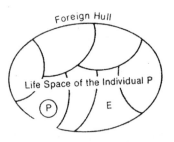

환경은 욕구나 동기 및 태도 같은 여러 가지 개인적 특성에 의하여 영향을 받고, 매력적인 사람이 나타나면 개인의 욕구를 변화시키는 것처럼 개인도 심리적 환경에 의하여 영향을 받는다.

그래서 개인(P)과 그의 심리적 환경(E)은 상호작용 관계에 있고, 레빈은 이를 생활공간(life space: L)이라고 한다. 레빈에 따르면, 인간행동은 결국, B=f(L)=f(P, E)라는 등식으로 나타낼 수 있다는 것이다.

② 구조적 개념들(structural concepts): 생활공간에서 일어나는 현상을 체계적으로 설명하기 위해, 레빈은 몇 가지 독창적인 구조적 개념과 역동적 개념들을 고안하였다. 생활공간의 구조적 개념으로 레빈은 영역(region), 전위(locomotion), 경로(path) 등 특수한 용어를 사용한다. 장 이론에서 개인은 생활공간 속의 한 영역(p)으로 나타내고, 환경을 이루는 심

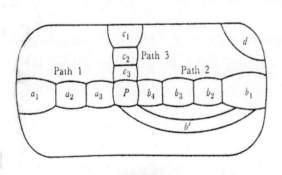

리적 사실들도 영역으로 나타낸다. 환경은 어떤 특정 시간에 한 가지의 심리적 사실만 있으면 한 개의 영역이 되고, 세 개의 사실이 동시에 존재하면 세 개의 영역으로 나누어진다. 그래서 개인(p)이 친구 문병을 갈 것인가(a_1), 리포트를 쓸 것인가(b_1), 영화를 보러갈 것인가(c_1), 아니면 돈벌이를 할 것인가(d)라는 심리적 환경을 이루는 부분들도 영역이라고 한다.

뿐만 아니라, 문병을 가기 위해서는 우선 전화를 하고(a_3), 병원까지 가야한다(a_2)고 생각하는 개별적 부분들도 모두 영역으로 나타내고, 인접된 영역들은 그 사이에 존재하는 경계(boundary)로 구분된다. 생활공간의 한 영역에서 다른 영역으로 개인의 심리적 위치가 변화하는 현상을 전위(locomotion)라고 한다. 또한 개인 P가 b_4, b_3, b_2를 거쳐 b_1에 이르거나, 아니면 b'를 거쳐 b_1에 이르는 과정을 경로(path)라 한다. 생활공간의 특정 영역에서 다른 영역으로 전위가 일어나는 것을 그 경로와 함께 나타낸 것을 위상학적(topological) 혹은 향정(向定) 공간(hodological space)이라고 한다. 여기서 그리스어 hodos는 경로(path)를 뜻하기 때문에 향정공간은 경로를 표시한 생활공간을 지칭하는 용어이다.

③ 역동적 개념들(dynamic concepts)

욕구, 긴장(tension), 유인력(valence), 그리고 유인력 갈등(valence conflict) 같은 역동적 개념들은 여러 가지 가능한 대안들 중 어느 것이 일어날 것인가를 결정하는 데 유익한 시사점을 제공하기 때문에 레빈의 동기이론에서 핵심적인 개념들이다. 레빈은 어떤 대상에 대하여 심리적 욕구나 의도를 가지게 되면 개인의 내면에 긴장(tension) 상태가 야기되고, 이러한 욕구나 의도하는 바가 충족되면 긴장이 해소된다고 보기 때문에, 그의 동기이론은 생활공간 속의 불균형을 극복하고 역학적 균형을 지향하는 경향이 있다는 상정에 입각한 것이다.

생활공간 속의 어떤 심리적 사실은 개인을 끌어당기기도 하고, 어떤 사실은 개인에게 배척력을 행사하기도 한다. 욕구를 충족시키고 그래서 긴장을 해소시킬 수 있는 대상 혹은 영역은 우리에게 심리적 견인력을 행사하고, 그렇지 못한 대상이나 영역은 심리적 반발력을 행사한다. 레빈은 전자를 정적 유인력(positive valence), 후자를 부적 유인력이라고 한다. 그러나 가령 굶주린 사람에게 음식물이 정적 유인력을 행사하는 경우에도, 그가 굶주린 정도와 그 음식물이 얼마나 먹음직한가에 따라 유인력이 결정되는 것처럼, 레빈은 어떤 대상의 유인력 〔Va(G)〕은 개인의 욕구나 긴장의 강도와 대상의 특성에 의하여 결정되고, 목표대상을 향한 전위의 힘 〔F〕은 Va(G)에 비례하고 개인과 목표대상간의 심리적 거리에 반비례한다고 본다.

$$Va(G)=f(t, G)$$

Va(G): valence of the goal object

t: intensity of tension

G: properties of the goal object

$$F=f \, 〔Va(G)/d〕 \, =(t, G)/d$$

d: psychological distance between the person and the goal object

이와 같이 생활공간 속의 심리적 사실들이 갖는 유인력은 우리에게 목적 지향적 행위의 동기를 부여한다. 그 이유는 우리가 정적 유인력을 갖는 목표영역(goal region)을 향한 행동적 혹은 심리적 전위를 시도하기 때문이다. 그러나 현실적으로는 대등할 정도로 강력한 두 가지 종류의 유인력이 동시에 작용하여 심각한 심리적 갈등을 야기하는 경우도 있다.

레빈은 이러한 유인력 갈등(valence conflict)을 세 가지 유형, 즉 접근-접근 갈등, 회피-회피 갈등, 접근-회피 갈등으로 유형화하였다.

첫째 유형인 접근―접근 갈등(approach-approach conflict)은 두 가지 정적 유인력 사이에서 느끼는 갈등이다. 예컨대 휴가 나온 절친한 친구와 술 한잔하는 것(a)과 좋아하는 여자 친구와 극장가는 것(b) 중에서 하나를 선택해야 하는 경우처럼, 두 가지 정적 유인력 사이에서 어느 쪽도 포기하기 어려울 때 느끼는 갈등이다. 예컨대, 남자 친구와 여자 친구에 대한 친근감이 비슷하고(G=4), 그동안 간절히 기다렸고(t=2), 또한 a나 b 모두 돈을 마련하여 술집이나 극장까지 가야하기 때문에 같은 수의 심리적 단계가 필요하다(d=2)고 하면, (a)와 (b)를 향한 전위의 힘은 양쪽 모두 〔4×2/2〕와 〔4×2/2〕로 동일하기 때문에 갈등을 느끼게 된다.

그러나 바로 이 갈등의 순간에 여자 친구가 다른 남자 친구와 예사롭지 않은 표정으로 통화하는 장면을 보게 되면 여자 친구의 유인력이 가령 G=2로 급격히 감소하게 되면, (b)를 향한 전위의 힘이 〔4×2/2〕에서 〔2×2/2〕로 감소되어 (a)로 전위가 일어난다. 요컨대, 접근-접근 갈등은 유인가, 긴장, 심리적 거리 등 결정요인의 변화에 의하여 해결되어 두 가지 대안 중 어느 한 쪽을 선택하게 된다. 페스팅거(Festinger)에 따르면, 이러한 갈등 상황에서 일단 어느 한 쪽을 선택하면, 자기가 선택한 것을 이전보다 더 긍정적으로 보게 되어 인지적 부조화를 극복하는 경향이 있다는 것이다.

둘째 유형인 회피─회피 갈등(avoidance-avoidance conflict)은 두 가지 부적 유인력을 갖는 것 중 어느 하나를 선택해야 할 때의 갈등이다. 예컨대, 가기 싫은 지방 출장소로 전근을 가든지(a) 아니면 사표를 내든지(b) 두 가지 중 어느 한 쪽을 선택해야 하는 것과 같은 갈등이다. 이 경우의 갈등은 첫째 유형보다 심각하다. 어느 한 쪽을 선택하기로 결심을 하면, 선택된 것의 부적 유인력은 선택하기 전보다 더 커지게 되고, 그래서 다른 쪽을 선택하려고 하면 또 그것의 부적 유인력이 더 커지게 되어 갈등이 심화되기 때문이다.

부적 유인력을 갖는 두 가지 대상 (a), (b)에 의하여 형성된 심리적 힘의 장에서 개인이 느끼는 회피-회피 갈등은 수량적 예시를 통해서 더욱 명백하게 이해할 수 있을 것이다. 심리적 안정을 추구하는 그의 욕구를 단위 (5)로 나타내고, (a), (b) 양쪽을 싫어하는 정도도 같고(G=-3), (a), (b) 양쪽은 모두 수속에 필요한 절차가 동일하다(d=2)고 하면, (a), (b)를 향한 전위의 힘은 양쪽 모두 5(-3)/2=-7.5로 동일하다. 그러나 차후에 본사로 되돌아 와 명예회복의 가능성을 기약하기 위해 (a)쪽을 상대적으로 덜 싫어하게 되면(G=-2), 새로운 힘의 장은 Fa=5(-2)/2=-5와 Fb=5(-3)/2=-7.5로 변경되어 결과적으로 (a)를 선택하게 된다.

셋째 유형인 접근─회피 갈등(approach-avoidance conflict)은 대등한 강도의 정적 유인력과 부적 유인력 사이에서 느끼는 갈등이다. 예컨대, 얼굴은 기가 막힐 정도로 예쁘긴 하나, 성격이 고약한 여자와 사귀는 어떤 남자가 느끼는 갈등이나, 출세하는 것은 좋으나 열심히 공부하기는 싫어하는 사람이 느끼는 갈등 같은 것이 접근-회피 갈등에 속한다. 삶은 전부 혹은 전무의 게임이 아니기 때문에, 이러한 유형의 갈등이 일상생활에서 가장 빈번히 느끼게 되는 갈등이다.

이상과 같이 레빈은 여러 가지 독창적 개념들을 구상하였지만, 너무 이른 나이에 사망했기 때문에, 이러한 독창적 개념들을 스스로 체계화하지 못했으나, 그의 유능한 제자들에 의하여 레빈이 제기한 기본개념들이 그 후 균형이론, 인지적부조화 이론, 집단역동이론 등으로 체계화되어 현대 사회심리학의 획기적 발전에 크게 기여하게 되었다.

제3장

정신분석이론

　인간에게도 동물과 다름없는 본능적 욕망이 있다. 다른 동물처럼, 인간도 만족할 줄 모르는 욕망(insatiable desire)과 공격적 본능(aggressive instinct)에 사로잡힌 존재라는 것이 프로이트(Freud)의 인간관이다. 그러나 문명사회를 이룩하기 위해서는 이러한 욕망을 억압하지 않을 수 없고, 따라서 인간의 행복 같은 것은 애당초 창조의 섭리 속에 계획된 바 없다는 것이 『문명과 그 불만』(Civilization and Its Discontents)에서 프로이트가 강조하는 억압가설이다. 동물적 존재가 인간존재로, 자연적 존재가 문화적 존재로 성숙하기 위해 억압해야 할 욕망이 있다는 것이다.

　인성의 구조와 그 역동에 관한 프로이트의 학설은 크게 두 시기로 나누는 것이 관행이다. 대체로 『쾌락원칙을 넘어서』가 출판된 1920년을 경계로 그 이전의 전기와 그 이후의 후기로 나눈다. 전기의 대표작인 『꿈의 해석』(1900)에서는 인성의 구성요소를 무의식, 전의식, 의식으로 나누고, 대표적 후기작인 『자아와 이드』(1923)에서는 인성의 구성요소를 이드와 자아 및 초자아로 개념화한다. 전(前)의식이라는 것은 당장은 의식에 명증하게 나타나지 않아도 집중해서 생각해보면, 곧 의식에 진입될 수 있는 영역이기 때문에 크게 보면 의식에 포함되는 영역이라 할 수 있다.

전기의 학설은 무의식을 성격역동의 본질이라고 규정하고, 꿈이나 여러 가지 착오행위 같은 무의식의 담론을 분석하는 데 치중하였기에 무의식의 심리학(psychology of the unconscious)이라고 한다. 그러나 후기의 학설은 이드, 자아, 초자아간의 역동적 관계를 강조하면서도 극단적으로 대립된 이드와 초자아의 상반된 요구를 조정하고 중재하는 현실적 자아의 의식적 역할을 강조함으로써, 프로이트 스스로 자신의 정신분석학이 자아심리학(ego psychology)으로 왜곡될 가능성을 열어놓았다고 보는 이들도 있다.

뿐만 아니라 후기 저작인 『쾌락원칙을 넘어서』나 『자아와 이드』에서는 무의식적 욕망이 초기의 관점과 달리 심적 표상과 무관하게 작동되는 일종의 신체적 에너지로 개념화된다. 무의식적 욕망에 대한 관점의 이러한 변화는 바로 이 시기에 프로이트가 쇼펜하우어 및 니체의 철학을 부분적으로 수용했기 때문이다. 그래서 만년의 프로이트는 그의 이드 개념이 뜻하는 것처럼, 욕망을 정신적 표상이라기보다는 오히려 신체와 직결된 일종의 물질적 에너지(libidinal energy)로 파악한다. 라깡은 전자를, 들뢰즈와 가타리는 후자를 각기 프로이트 정신분석이론의 진정한 특징이라고 본다.

그러나 전기든 후기든 프로이트 정신분석이론의 공통된 명제는 의식보다는 무의식, 이성보다는 욕망이 인성역동을 결정하는 근원적 요소라고 보는 것이다. 프로이트의 이러한 인간관은 인간을 이성적 및 의식적 주체로 파악하는 데카르트, 칸트, 헤겔 등 이른바 이성중심주의적 주류철학의 인간관과 첨예하게 대립된다. 그러나 성적 욕망을 인간정신의 궁극적 근원이라고 보는 프로이트의 정신분석이론은, 쇼펜하우어 및 니체와는 달리, 수많은 임상적 경험을 근거로 한 과학적 이론이라는 점에서, 이성중심주의 철학 특히 데카르트적 주체 개념에 대한 정면 도전이며, 철학사조의 근본적 전환을 상징하는 것이다.

3.1 인성의 구조적 특징

인성(personality)을 욕망의 차원과 현실의 차원 그리고 규범적 차원으로 상정된 세 가지 요소간의 구조화된 체계로 파악하는 것이 프로이트 정신분석이론의 특징이다. 앞에서 소개한 것처럼, 초기의 프로이트는 꿈이나 착오행위 같은 무의식의 징후를 분석하는 데 치중하여, 이러한 분석을 근거로 의식적 사고와 행동에 미치는 무의식의 영향을 분석하였으나, 후기에는 인성을 욕망의 차원인 이드(Id)와 현실적 차원인 자아(Ego) 및 도덕적 혹은 규범적 차원인 초자아(Superego)로 구조화된 갈등의 체계로 개념화하였다.

① 이드(Id): 욕망의 차원

이드(Id)는 인간의 성격을 결정하는 가장 원초적 요소이며, 여기서 자아와 초자아가 분화되기 때문에 인성의 모체(matrix of personality)라 할 수 있다. Id는 에고와 슈퍼에고의 작동에 필요한 심적 에너지(psychic energy)를 공급한다. 프로이트는 심적 에너지를 신체와 관련된 성적 충동의 에너지로 규정하고 이를 특별히 리비도(libido) 혹은 리비도의 에너지(libidinal energy)라고 한다.

외부적 자극 때문이든 내적 흥분 때문이든 긴장(tension)이 누적되면 이드는 이를 견뎌내지 못한다. 긴장 수준이 올라가면 이드는 누적된 긴장을 즉각 해소하려 하기 때문에, 이드는 쾌락원칙(pleasure principle)에 따라 작동된다. 고통을 피하고 쾌락을 극대화하기 위해서 이드는 두 가지 과정을 따른다. 하나는 욕망을 충족시킬 대상이 있으면 즉각적 만족(immediate gratification)을 추구하는 반사작용(reflex action)이고, 다른 하나는 대상의 기억심상(memory trace)을 떠올리는 환상적 원망충족(wish-fulfillment)이며, 후자를 일차과정(primary process)이라고 한다.

② 에고(Ego): 현실의 차원

그러나 굶주린 사람이 음식의 기억심상을 현실적으로 먹을 수 없고, 일차과정만으로는 욕망을 실질적으로 해소할 수 없다. 이처럼 뜨거운 욕망과 차가운 현실 사이에서 현실적 자아가 형성된다. 쾌락원칙에 따라서 작동되는 이드와 달리, 에고는 욕망을 충족할 수 있는 현실적 여건을 검토하는 인성의 현실적 차원이며, 따라서 에고는 현실원칙(reality principle)에 따라 작동된다. 에고는 이드의 충동을 억압하거나 좌절시키는 것이 아니라, 현실적 여건을 고려하면서 이드의 욕구충족을 실현시켜주는 기능을 수행한다. 에고의 주된 기능은 현실검증(reality testing)이고, 현실적 여건이 성숙되기까지 자제력을 발휘하도록 하는 기능을 수행한다. 이러한 만족의 유보(delayed gratification)를 이차과정(secondary process)이라고 한다.

③ 초자아(Superego): 도덕적 차원

초자아는 부모를 통해 내면화한 사회의 문화적 규범이다. 초자아(Superego)는 인성의 도덕적 차원이고 도덕원칙(moral principle)에 따라 작동된다. 쾌락지향적인 이드를 억압하거나 리비도의 에너지를 자아실현이나 사회공익에 기여할 수 있도록 고차적으로 승화시키고, 현실지향적인 에고를 도덕적으로 규제하는 인성의 도덕적 방패(moral weapon)와도 같다.

초자아에는 양심과 자아이상이라는 두 가지 하위체계가 있다. 부모가 자녀의 행동에 대해 부당하다고 말하거나 처벌함으로써 양심이 형성되고, 바람직한 행동을 승인해주고 보상해줌으로써 자아이상이 형성된다. 다시 말해서, 양심(conscience)은 개인으로 하여금 일탈행동을 하게 될 때 스스로를 반성하게 하고, 자아이상(ego-ideal)은 개인으로 하여금 착한 행

동을 한 후 스스로를 자부하도록 하여 결과적으로 부모의 통제가 자기통
제로 대치된다.

④ 무의식적 갈등(unconscious conflict)

인성을 구성하는 세 가지 요소인 이드와 에고 및 초자아는 각기 쾌락
원칙, 현실원칙, 도덕원칙에 따라 작동되고, 각기 욕망의 즉각적 만족, 욕
망충족의 유보, 욕망의 억압과 창조적 승화를 지향하며, 각기 인성의 모
체, 인성의 집행자, 인성의 도덕적 방패라고 했다. 그러나 정신분석이론
의 가장 핵심적 명제는 이들 세 차원 사이에 끊임없는 갈등이 있고, 이
러한 갈등은 우리가 평소에 의식하기 어려운 무의식 수준에서 진행되고
있다는 주장이다. 따라서 우리는 성격역동에 결정적 영향을 미치는 무의
식이 구성되는 과정을 알아보기로 한다.

3.2 인성 발달과 무의식

인성 발달에 관한 프로이트의 이론을 성심리적(psychosexual) 발달이론
이라고 한다. 그 이유는 넓은 의미의 성적 본능의 만족과 좌절이 인간의
성격발달에 깊은 영향을 미친다고 보기 때문이다. 프로이트가 성(sex)이
라고 하는 것은, 신체의 모든 부위에서 느끼는 쾌감 일반을 총칭하는 포
괄적 개념이기 때문에, 우리가 일상적으로 사용하는 성 개념과 상당한
차이가 있다. 정신분석이론에서는 우리가 대소변을 볼 때 느끼는 시원한
느낌이나 사탕을 빨 때 구강에서 느끼는 쾌감 같은 것까지도 모두 넓은

의미의 성적 쾌감이라고 본다.

성심리적 발달은 단계적으로 일어난다. 성적 욕망의 에너지를 일컫는 리비도의 흐름(libidinal flow)은 다양한 성감대(erogenous zone/erotic zone)를 통해서 끊임없이 해방을 모색한다. 출생 후 첫 5년 동안에 구강기, 항문기, 남근기로 구분되는 역동적 단계를 거친 후, 학령기에 해당되는 다음의 약 5년 동안은 그 역동이 다소간 정체되는 잠재기를 갖는다. 사춘기에 이르게 되면, 리비도의 역동은 다시 폭발되나 청년기를 거쳐 성인기로 이행함에 따라 점진적으로 안정화된다. 출생 후 약 5년 동안에 세 단계를 거치는 과정에서 인성의 기본 틀이 거의 결정된다고 본다.

인성발달의 첫 단계인 구강기(oral phase)는 성적 감수성이 구강 부위에 집중되는 기간이며, 생후 약 1년 반까지의 기간에 해당된다. 구강기의 아이는 주로 구강을 통해서 환경과 상호작용을 하고 이를 통해서 본능적 욕구를 충족한다. 따라서 배고픔이나 갈증의 해소를 위해서 엄마 젖꼭지를 빨지만, 그렇지 않을 경우에도 장난감이나 손가락을 깨물거나 빠는 반사적 행동을 통해서 쾌감을 추구한다.

이 단계의 아이는 구강을 통해서 본능적 욕구를 충족하려고 하나, 욕구충족이 좌절되면 영원히 치유되기 어려운 깊은 마음의 상처 혹은 심적 외상(psychic trauma)이 의식의 심층적 저변에 누적되어 무의식을 구성한다. 어른이 된 후에도 빠는 것, 씹는 것, 다변 등 비정상 행동을 표출하고, 의존적이고 수동적이며 탐욕적인 행태를 보이는 것도 이러한 무의식의 징후라고 본다. 따라서 구강기 혹은 이유기(weaning period) 단계에서 직면하는 발달 위기(developmental crisis)의 성공적 극복여부가 인성 형성에 간과할 수 없는 영향을 미친다는 것이다.

인성발달의 둘째 단계인 항문기(anal phase)는 음식물이 소화된 후, 직장말단에 찌꺼기가 쌓이게 되고 항문 활약근의 압력이 일정 수준에 달하여 이를 배설할 때 배변을 통해 쾌감을 느끼는 기간이다. 생후 약 2세 전후의 기간에 해당하는 항문기의 아이들은 항문의 긴장을 해소하는 데서 오는 쾌감을 만끽하면서도, 경우에 따라서는 이러한 욕망충족을 유보하는 배변훈련(toilet training)도 받아야 한다.

다시 말해서, 엄격하고 억압적인 배변훈련은 배변 과정에서 느끼는 쾌감의 급격한 좌절에 기인된 심적 외상(psychic trauma)을 초래하고, 이는 다시 의식의 심층적 저변으로 억압되어 무의식을 구성하게 된다. 이와 같이 인성 발달의 단계마다 각 단계 고유의 발달위기가 있고, 각 위기마다 실현되지 못하고 좌절된 성적 욕망이 의식의 심층적 저변으로 억압되어 무의식을 이룬다는 것이 프로이트의 기본상정이다.

인성발달의 셋째 단계인 남근기를 오이디푸스기(Oedipal stage)라고도 한다. 약 4세 전후의 남근기에 이르면 성기에 대한 관심이 형성되면서 그것을 가지고 노는 데서 쾌감을 느낀다. 처음에는 남아 여아 모두 그들의 욕구를 충족시켜주고 가장 가까이서 보살펴주는 어머니를 사랑하고 어머니의 사랑에 대한 적수로 생각되는 아버지를 미워한다. 이러한 감정이 여아의 경우는 변화하나 남아에겐 지속된다.

그래서 이 단계의 남자아이는 아버지를 타도하고 어머니와 함께 하려는 무의식적 환상에 빠지게 되고, 이러한 환상에 기인된 갈등을 뜻하는 오이디푸스 콤플렉스(Oedipus complex)를 극복해야 하는 심각한 발달의 위기에 직면한다. 아이는 무의식중에 막강한 권력을 가진 우세한 적수인 아버지가 그를 해칠 것이라고 생각하며, 또 실제로 처벌 잘 하는 아버지의 위압 때문에 두려움은 확고해져서, 아버지가 자신의 성기를 제거할 것이라는 거세불안(castration anxiety)을 느끼게 된다. 남근기의 남아는 이러한 불안과 고민 끝에 결국 아버지를 동일시하면서, 아버지를 통해서 사회의 문화적 규범을 내면화함으로써 초자아를 형성하기 시작하나, 어머니에 대한 욕망, 말하자면 사회 윤리적으로 용납될 수 없는 욕망은 무의식 영역으로 억압되는 것이다.

3.3 무의식의 역동

위에서 드러난 것처럼, 프로이트의 정신분석이론에서, 무의식이라고 하는 것은 사회문화적으로 용납될 수 없는 성적욕망이 억압된 것을 뜻한다. 성적 충동의 에너지(libido)가 억압되어 무의식을 이룬다는 것이다. 인간의 내면세계는 수많은 욕망이 소용돌이치고 있고, 이러한 욕망들 중에는 사회 윤리적으로 용납될 수 없기 때문에 억압하지 않을 수 없는 욕망이 있다는 것이다. 이러한 욕망을 극단적 상징으로 예시하기 위하여, 부지중에 아버지를 살해하고 어머니와 결혼했다는 테베의 신화를 따라 오이디푸스 콤플렉스라고 한다.

그러나 무의식적 욕망은 용납될 수 없는 것이기 때문에 억압되었을 뿐, 완전히 사라진 것은 아니다. 문명사회를 이루기 위한 대가로 의식의 심층적 저변에 억압된 좌절과 불만이 누적되어 끊임없이 꿈틀거리면서 돌파구를 찾고 있다. 일상적으로 우리는 자기도 모르는 사이에 백일몽에 빠지기도 하고, 실언, 오기, 오독, 오청, 건망증 등 여러 가지 착오행위를 하기도 하며, 잠잘 때는 흔히 꿈을 꾸기도 한다. 이와 같이 무의식은 도처에서 말을 하고 있다. 그러나 의식적 주체가 말을 하는 것이 아니라, 오히려 주체는 무의식을 통해서 말해지는 것이다. 무의식은 꿈을 통해서, 착오행위를 통해서, 신경증을 통해서 혹은 광기를 통해, 도처에서 말을 하고 있지만, 이 말은 누구도 알아들을 수 없는 수수께끼 같은 무의식의 담론이다.

무의식 영역에 억압된 욕망은 돌파구를 찾아 탈출하는 경우에도 자신의 정체를 그대로 드러내지 않기 때문에 정신분석이론은 무의식 그 자체를 직접 분석하는 것이 아니라, 의식적 사고와 행동의 과정에 틈새를 만들고, 그 틈새를 통해 위장된 모습으로 탈출하는 무의식의 징후를 분석하는 것이다. 프로이트는 무의식의 여러 징후들 중에서도 특히 꿈을 '무의식에 이르는 왕도'라고 본다. 대화할 때나 글을 쓸 때도 무의식의 역동에 기인된 착오행위가 나타나기는 하나, 꿈을 꿀 때는 잠을 자면서도 의식적으로 경험하기 때문에 꿈의 해석이 무의식의 분석에 지름길이라는 것이다.

무의식에 억압된 욕망은 압축과 치환의 메커니즘에 따라 꿈의 영상으로 표상된다. 압축(condensation)은 잠재적 꿈을 이루는 여러 가지 유사한 내용이 하나의 표상으로 중첩 결정되는 메커니즘이다. 프로이트는 정신병리의 원인적 요소들(pathogenic ideas)과 그 징후(symptom)의 관계가 결코 단순하지 않다는 임상경험을 근거로, 비록 한 가지 꿈의 영상도 수많은 무의식적 내용들에 의하여 중첩 결정된 표상으로 나타난다고 본다. 한편, 치환(displacement)은 사회문화적으로 용납될 수 없는 잠재적 꿈의 특정 내용이 검열을 피하기 위해서 사소한 것으로 바뀌어 나타나는 메커니즘이다. 이와 같이 무의식의 내용은 여러 가지가 중첩 결정되어 한 가지 내용으로 압축되면서도, 압축된 내용은 다시 사소한 내용으로 치환되는 과정에서 그 정체를 끊임없이 은폐하기 때문에, 무의식의 내용과 그 기능을 정확하게 파악할 수 없다.

요컨대, 인간의 정신세계는 의식과 무의식으로 분할되어 있고, 벽으로 단절되어 있기 때문에, 우리는 무의식의 정체를 정확히 알 수도 없고 따라서 무의식의 과정을 통제할 수도 없다. 그럼에도 불구하고 무의식은 의식적 사고와 행동에 강력한 영향력을 행사하기 때문에, 무의식적 욕망을 길들이는 학습을 통해서 비로소 사회적으로 수용될 수 있는 정상적인 인성을 형성할 수 있는 것이다. 따라서 프로이트는 인간존재를 통합된 주체가 아니라 분열된 주체(splitted subject)요, 투명한 주체가 아니라 불투명한 주체(opaque subject)이며, 선험적 주체가 아니라 학습을 통해서 구성되는 주체(constituted subject)로 보는 것이다.

제4장

상징적 상호작용이론

전통적으로 미국 사회학은 파슨즈(T. Parsons)의 기능이론과 사회체계이론 같은 거시적 사회이론이 주도해왔다. 사회체계를 개인에 외재하고 개인을 구속하는 어떤 체계로 파악한 것이다. 예컨대, 자유주의와 업적 위주의 차등보상 같은 이념과 가치를 강조하는 어떤 사회체계는 그 사회의 구성원에게 보다 많은 보상을 받기 위해 보다 열심히 일해야 한다는 역할기대를 내면화시키고, 개인은 이러한 역할기대에 걸맞게 동기화된 인성체계를 형성해야 한다는 것이다. 따라서 파슨즈의 기능주의 사회학은 사회체계가 개인의 인성체계를 조건화하는 것이 사회발전에 기능적이라고 본다.

그러나 1970년대에 이르러, 상징적 상호작용이론은 그동안 파슨즈가 주도해 온 기능이론(functionalism)과 사회체계이론(social system theory) 등 거시적 사회이론에 대한 주요 대안으로 인정받게 되었다. 상징적 상호작용이론의 지적 근원은 G. H. Mead가 제안한 '자아' 개념에 뿌리를 둔 것이다. 미드는 자아 개념도 사회적 현상으로 파악한다. 사회적 현상으로서의 자아가 형성되기 위해서 우리 개인은 자기 자신과 내면적으로 대화(internal conversation)할 수 있는 능력 혹은 자기 성찰(self-reflection) 능력이 필요하고, 이러한 능력은 타인의 입장에서 생각할 수 있는 능력에 의존한다는 것이 미드의 핵심적 사상이다. 타인의 역할을 취득(role-taking)하는 능력이 중요하다는 것이다. 타인의 입장에서 생각하는 것은 이해하기는 쉬우나 실천하기는 결코 쉬운 일이 아니다. 타자의 입장에서 보는 나의 모습, 타인의 인식의 거울에 비친 나의 모습에 대한 나 자신의 내면적 성찰을 통해서 자아 개념이 형성된다는 것이다.

이러한 성찰적 주체들 상호간에 이루어지는 상징적 상호작용을 통해서 대상세계에 의미를 부여하고 이러한 과정에서 사회가 구성된다는 것이 상징적 상호작용이론의 특징이다. 사회와 개인의 관계에 있어서, 기능주의가 전자에 특권을 부여한다면, 상징적 상호작용이론은 사회와 개인의 상호작용을 중요시하면서도 행위자의 주관적 의미를 강조한다. 그러나 상징적 상호작용이론가들 중에서도 Cooley보다는 Mead가 주관과 객관의 이원적 대립을 보다 설득력 있게 극복했다고 본다.

4.1 Cooley의 거울자아 개념

쿨리(Charles Horton Cooley: 1864~1929)는 상징적 상호작용이론의 독창적 관점인 거울자아(looking-glass self) 개념을 도입함으로써, 사회심리학

발전에 크게 공헌한 미국 사회학자이다. 쿨리에 따르면, 내가 누구인가에 관한 '자아개념 도식'(self-schema)은 사회적 관계를 통해서 형성된다. 우리가 새로운 사람들을 사귀게 되거나, 새로운 집단에 가입하게 되면, 타자로부터 받게 되는 피드백 정보에 따라 우리의 자아 개념도 수정될수 있다. 그러나 이러한 피드백 정보는 우리가 직접적으로 파악할 수 있을 정도로 객관적인 것은 아니기 때문에, 우리가 타인에게 어떻게 보일까에 대해서 주관적으로 해석을 한 후에 이를 기존의 자아개념 도식에통합시킨다.

이와 같이 자아의 기원이 사회적 반영이라는 개념을 설득력 있는 은유로 나타내기 위해, Cooley는 거울자아(looking-glass self)라는 용어를 도입한 것이다. 우리는 거울 속에 비친 자신의 영상을 통해서 자신의 모습을 확인하는 것처럼, 우리의 자아개념도 다른 사람들의 인식의 거울에 비친자신의 모습을 반성적으로 되돌아보는 과정에서 형성된다는 것이다. 다른 사람들 중에서도 '의미 있는 타자들'(significant others)의 시선은 우리의 자아형성에 결정적 영향을 미친다.

우리의 자아의식은 고립된 명상에서 형성되는 것이 아니라, 자신을 비추어 볼 수 있는 타인이라는 거울을 통해서 비로소 형성된다는 생각은일찍이 헤겔의 『정신현상학』 중 '주인과 노예의 변증법'에서 체계화되었다. 우리 인간은 사물을 정복할 때보다는 다른 사람을 정복할 때 더 큰만족을 느끼고, 타인을 정복하고 지배하는 것보다는 오히려 타인을 지배하고 정복할 할 정도로 내가 유능하다는 사실을 남들이 인정하고 선망의 눈빛으로 나를 우러러 볼 때, 더할 나위 없는 만족을 느낀다는 것이다. 따라서 인간욕망의 본질은 타인의 인정을 받으려는 욕망이고, 이러한 인정욕망(desire of recognition)이 인간욕망의 궁극적 본질이라는 것은, 타인의 인정을 통하지 않고는 내가 어떤 존재인가를 확인하기 어렵다는 것이다.

요컨대, 쿨리가 상징적 상호작용이론의 발전에 기여한 것은 무엇보다도 그의 거울자아 개념이다. 다시 말해서, 우리의 자아개념은 (1) 타인에게 비친 나의 모습(appearance)을 상상해보는 단계, (2) 그 모습에 대한 타인의 판단(judgment)을 상상해보는 단계, 그리고 (3) 이에 대한 자부심이나 굴욕감을 느끼는(self-feeling) 단계를 거쳐 형성된다는 것이다. 쿨리의 거울자아 개념은 자아의 사회적 속성을 설득력 있게 부각시킨 점은 장점이라고 볼 수 있으나, 최소한 두 가지 약점이 있다고 비판하는 학자들도 있다. 하나는 그의 이론에 상정된 인간관이 너무나 타인들의 평가와 시선만을 의식하는 타자 지향적(other-directed)이라는 점이고, 다른 하나는 그가 제시한 자아개념 형성의 세 단계에서 드러난 것처럼, 서로에 대해서 느끼는 상상(imagination)만을 중요시함으로써 지나치게 심리주의로 흐르고 있다는 한계성을 지적할 수 있다. Mead가 제기하는 상징적 상호작용이론은 바로 이러한 한계성을 극복하기 위한 것이다.

4.2 Mead의 상호작용이론

미드(G. H. Mead)는 주관적 의미세계를 중요시한 베버(Weber), 사회연구에 미시적 접근을 도입한 짐멜(Simmel) 그리고 자아의 반영적 특성에 착안한 쿨리(Cooley) 등의 관점을 독창적으로 종합하여 본격적 상호작용 이론을 발전시켰다. Mead는 20세기 초반의 30여 년 동안을 시카고대학 철학과 교수로 근무하면서도, 심리학 연구와 강의에 몰두하였다. 미드는 수많은 논문과 서평을 썼지만 단 한권의 저서도 내지 않았기 때문에, 1931년에 그가 사망한 후, 제자들의 노트와 논문을 편집하여 『마음, 자아, 사회』라는 책을 사후 작으로 출판하였다.

이 책이 출판될 무렵, 그의 수제자였던 Blumer가 은사의 학문적 입장에 상징적 상호작용이론(symbolic interactionism)이라는 새로운 명칭을 부여하였다. Blumer에 따르면, 미드의 상징적 상호작용이론은 다음과 같은 세 가지 명제로 요약할 수 있다.

첫째로, 객관적 실재가 독자적으로 존재하는 것이 아니라, 상호작용을 통해서 부여하는 의미가 곧 실재를 구성한다. 의미부여나 해석의 옳고 그름이 중요한 것이 아니라, 상호작용을 통해서 사회적으로 구성된 실재 (socially constituted 'reality')가 그 구성원들에게는 의미 있는 실재라는 것이다.

둘째로, 의미는 언어를 통한 상징적 상호작용과 타협의 산물이다. 언어적 상징은 그것이 지시하는 사물과 하등의 필연적 혹은 논리적 관련이 없고, 전적으로 자의적 기호일 뿐이다. 대상에 의미를 부여하게 되는 것은 오직 상징적 상호작용을 통해서이다. 따라서 언어가 곧 의미의 원천이라는 것이고, 이는 실재를 담론적 구성으로 파악하는 푸코의 관점과 유사하다.

셋째로, 인간은 타인의 입장에 서서 자신을 성찰할 수 있는 존재, 타자의 역할을 취득할 수 있는 고유한 능력을 가진 존재이다. 따라서 우리의 마음은 타인의 역할을 취득하는 과정에서 발달한다.

① 역할취득의 세 단계

Mead는 역할취득(role-taking) 개념을 매개로 하여 인간의 자아가 형성되는 과정을 놀이단계(play stage)와 게임단계(game stage) 및 일반화된 타자(generalized other)의 단계로 나누어 설명한다. 한 단계씩 발달함에 따라서 일관성 없고 유동적인 자아개념이 보다 일관성 있고 안정된 자아개념으로 발전해 간다. 말하자면, 인간의 자아는 생득적이고 선험적인 자아가 아니라 사회적 상호작용의 과정에서 형성되고 변화되는 자아라는 것이다.

첫째 단계인 놀이단계(play stage)는 두세 살 정도의 어린아이가 엄마나 아빠 같은 중요한 타자의 역할을 흉내 내면서 노는 단계다. 물론 그 이전에도 놀긴 놀지만 부모의 역할에 대한 이해 없이 그냥 모방하는 행동만 하다가, 두세 살 정도가 되면 언어를 구사하기 시작한다는 점에서 중요한 차이가 나타난다. 언어의 습득과 함께 내면적 대화(internal conversation)가 가능해진다. 내면적 대화, 다시 말해서 자기 자신과의 의사소통

(self-communication)이 가능해진다는 것은 자신을 대상화하는 능력의 발달을 뜻하기 때문에 언어의 습득과 함께 타인의 역할을 취득할 수 있게 된다.

역할취득이 놀이단계에서는 가능하고, 그 이전의 준비단계(preparatory stage)에서는 불가능하다는 것이다. 가령 인형을 가지고 놀던 두 살짜리 아이가 인형의 팬티를 만지며 오줌을 쌌다고 야단치면서 욕실로 데리고 가는 경우에, 이 아이는 어머니의 관점에서 이 상황을 파악하고 어머니의 입장에 자신을 갖다놓고 어머니의 역할을 취득하는 것이다. 그러나 이 단계의 아이는 한번에 중요한 타자(significant other) 한 사람의 한 가지 역할은 취득할 수 있으나, 역할들 상호간의 관계를 이해하지 못하기 때문에 놀이단계에서 형성되는 자아는 일관성이 없다.

둘째 단계를 게임단계(game stage)라고 한다. 게임에 참여하는 선수가 게임의 규칙을 알아야 하고, 티임 구성원들의 역할과 보조를 맞추어야 할 뿐만 아니라, 상대 티임 선수들이 어떤 상황에서 어떤 행동을 취할지를 예측하고, 그에 대응할 능력을 갖추어야 하는 것처럼, 게임단계의 아이는 특정 개인의 역할뿐만 아니라 동시에 여러 타자들의 역할을 취득하고 이에 비추어 자신의 역할을 조정할 수 있는 능력이 형성된다.

셋째 단계에서 일반화된 타자(the generalized other)의 역할을 취득할 수 있는 능력이 발달하면서 자아개념은 더욱 성숙된다. 자아개념의 발달이 일반화된 타자의 단계로 진입한다는 것은 아버지, 어머니, 선생님, 친구

등 개별적 타자를 보면서도, 타자 일반의 역할을 취득할 수 있고, 나에 대한 타자 일반의 역할기대가 무엇인가를 상상할 수 있는 단계로 발전하는 것을 의미한다.

엄마 일반, 아빠 일반, 병장 일반의 경우처럼 일반화된 타자의 역할을 취득할 수 있고, 일반화된 타자의 입장에서 자신을 대상화하는 능력이 발달한다는 것은 사회의 문화적 규범을 내면화한다는 것을 뜻한다. 그 이유는 일반화된 타자의 태도가 곧 그 사회의 문화적 규범과 같기 때문이다. 결국 일반화된 타자의 역할을 취득할 수 있고, 일반화된 타자의 입장에서 자기 자신을 대상화하는 사회적 자아가 형성되면서 사회통제가 자기통제로 바뀌게 된다.

요컨대, 미드는 타인의 인식의 거울에 비친 나의 모습을 내가 대상적으로 성찰할 때 자아개념이 싹튼다는 쿨리의 거울자아 개념의 강점은 계승하면서도, 역할취득 개념을 '일반화된 타자'의 수준에까지 적용함으로써 쿨리의 심리주의적 주관 일변도로 흐르는 내성법의 한계성을 극복하고, 진부한 주객 이분법을 독창적으로 극복할 수 있었다. 다시 말해서, 우리가 스스로를 대상화(objectification of the self)하고, 특히 일반화된 타자의 역할을 취득할 수 있게 될 때, 보다 균형 있는 자아개념이 형성된다는 것이 미드가 제기하는 상호작용이론의 핵심이다.

② 주관적 자아(I)와 객관적 자아(Me)

앞에서 언급한 것처럼, 인간은 어떤 의미를 나타내는 몸짓이나 언어적 대화 같은 상징을 매개로 한 상호작용의 과정에서 자아를 형성해간다. 인간은 감정이입에 의하여 타인의 인식의 거울에 비친 자신의 모습을 자신이 객체적으로 성찰할 때 자아가 형성된다는 것이 상징적 상호작용의 특징적인 관점이다. 인간은 자발적이고 주체적이며 자기중심적으로 행동하면서도, 타인의 입장에서 자신의 행동을 대상적으로 성찰할 수 있는 능력을 동시에 가지고 있다.

따라서 자아의 두 가지 차원으로 (I)와 (Me)를 생각할 수 있다. (I)는 주격 자아, (Me)는 목적격 자아, (I)는 주체적 자아, (Me)는 객체적 자아 혹은 사회적 자아이다. (I)는 즉흥적이고 충동적이며 혹은 창조적이고 능동적으로 행동하고 선택하는 주체적 자아를 의미하고, (Me)는 일반화된 타자의 관점에서 자기 자신을 성찰할 때 형성되는 객관화된 자아이다. 다시 말해서, (I)는 인간의 능동성과 자율성을, (Me)는 인간의 사회적 구속성과 제약성을 뜻한다.

(Me)가 시사하는 것처럼 인간은 일반화된 타자의 관점에서 자신의 즉흥적이거나 개성적인 행동을 마치 객관적 대상인 것처럼 평가하고 타자 일반의 기대에 부응하여 창조적으로 조정하기도 하고, (I)가 시사하는 것처럼 상호작용에 참여하는 행위자들의 창조적 조정능력에 따라 사회는 변화될 수도 있기 때문에, 상징적 상호작용이론에서 사회라고 하는 것은

그 자체의 독자적 실재가 아니라, 상징적 상호작용을 통해 상호 주관적으로 의미 부여되고 사회적으로 구성되는 것이다.

이와 같이 미드는 주체와 객체, 개인과 사회, 사회명목론(social nominalism)과 사회실재론(social realism)을 대립된 개념처럼 파악해 온 종래의 이분법적 관점을 거부한다. 그 이유는 인간에게 능동적이고 자율적인 주격 자아(I)가 존재한다는 사실은 종래의 기능이론이 주장하는 것처럼 인간이 완벽하게 사회화되는 순응적 존재가 아니라는 사실을 입증하는 셈이고, 인간이 주체적으로 행동하면서도 스스로를 객체로 성찰할 수 있다는 사실은 자아 형성의 과정 속에서 주관성과 객관성이 변증법적으로 지양되고 통합될 수 있다는 것을 입증하기 때문이다.

4.3 Goffman의 자아표현과 연출

미드가 체계화한 상징적 상호작용이론은 그가 사망한 후 시카고학파의 Blumer와 아이오와학파의 Kuhn 등 수 많은 제자들에 의하여 활발히 계승 발전되었다. 그러나 우리는 미드의 상호작용이론을 정통적으로 체계화한 이들 후학보다는, 미드의 상호작용이론을 실질적으로 수정한 고프만의 상호작용이론이 적나라한 인간관계의 역동을 보다 설득력 있게 해명할 수 있다고 보고, 아래에서 간략하나마 자아표현에 관한 고프만의 연극론적 분석(dramaturgical analysis)을 소개하는 것이 사회 심리적 현상의 이해에 유익하리라 생각한다.

① 미드와 고프만

고프만(Erving Goffman: 1922~1990)의 대표적 저서는 『일상생활에서의 자아표현』(The Presentation of Self in Everyday Life: 1959)이고, 이 책은 원래 시카고대학 박사학위 논문으로 제출한 것이다. 시카고에서 공부하는 동안, 상징적 상호작용의 중요성에 관한 미드의 관점이 고프만에게 깊은 영향을 주었고, 그의 모든 저서에 체현되어 있다. 그러나 미드의 상호작용이론과 고프만의 수정된 상호작용이론 사이에는 최소한 두 가지 중요한 차이점이 있다.

첫째로, 미드와 그의 정통 후계자들은 인간존재를 상호 주관적 의미를 구성하는 과정에 꾸밈없고 정직하고 협조적인 참여자로 생각하는 데 비하여, 고프만은 인간의 삶을 연극에 비유하고, 인간존재를 연기자에 비유하면서, 우리가 타인에게 좋은 인상을 주기 위해서, 사회적으로 수용될 수 있는 역할 가면(role masks) 뒤에 스스로를 숨기는 측면을 강조한다.

둘째로, 미드가 개인들 간의 사회적 상호작용(social interaction)을 중요시하는 데 비하여, 고프만은 사회적 상호작용 그 자체보다는 상호작용에 참여하는 개인(individuals)에게 분석의 초점을 둔다. 고프만은 일상적 삶의 과정에서 사회적 상호작용을 통해 개인이 자아를 표현하는 방식을 해명하는 데 초점을 둔다.

② 인상관리

쿨리와 미드는 상호작용의 과정에서 우리의 자아개념이 형성되는 방식을 검토하고, 우리의 사고와 행동을 의미 있는 타자들이 어떻게 판단하는가에 따라서 우리의 행동을 조율해가는 방식을 분석해왔다. 이와 대조적으로, 고프만은 우리의 사고와 행동에 대한 타자들의 판단에 우리가 능동적으로 영향을 미침으로써, 우리에 대한 타자들의 판단이 어떨 것이라고 예측하고 통제할 수 있다고 본다. 다시 말해서, 고프만은 타인이 우리를 우리가 원하는 방식으로 보도록 우리 자신을 나타낼 수 있는 능력이 있다고 생각하고, 그는 이를 인상관리(impression management)라고 한다.

일상생활에서 우리가 자아를 표현할 때, 가령, 면접시험이 있거나, 데이트가 있거나, 혹은 파티에 나갈 때, 무엇을 입을까를 생각하는 것도 인상관리의 한 사례라 할 수 있고, 뿐만 아니라, 상당히 둘러가는 길로 주행하던 택시 기사가 손님에게 실수로 길을 잘못 택한 것처럼 위장하는 경우도 모두 인상관리에 해당되는 것이다. 이와 같이 일상적으로 인상관리를 하는 경우에, 타인들이 자신의 가장 좋은 점을 이해하게 하고, 자기에 대하여 보다 좋은 인상을 갖도록 하기 위해, 때로는 본심을 은폐하기도 하고 과장하기도 하는 전략적 기교를 활용한다.

③ 연극론적 분석

사회적 삶을 이해하고 설명하기 위한 분석적 도구로 고프만은 연극의 은유를 즐겨 사용하고, 이를 연극론적 분석 혹은 연극론적 접근 (dramaturgical approach)이라고 한다. 사회적 삶(social life)은 사람들이 상호작용하는 무대(stage)와 같고, 모든 인간은 연기자(actors)이거나 관객 (audience)과 같다. 무대에 오른 연기자가 맡은 배역은 일상적 활동의 과정에서 우리가 수행하는 역할(role)에 해당된다.

인간은 무대 위에서 어떤 특정한 탈을 쓰고 시나리오대로 행동하는 연기자와 같다. 배우 혹은 연기자에게 중요한 것은 자유가 아니라, 그의 행동과 사고를 구속하는 시나리오다. 사회의 역할 기대(role expectation)라는 시나리오대로 웃고 울어야 하는 것이 배우다. 일단 탈을 썼다고 할 때 중요한 의미는 배우가 진정한 자기의 모습을 철저히 감춘다는 사실이다. 감춘다기보다는 오히려 자기 자신의 진정한 모습을 망각한다는 표현이 옳을 것이다. 서툰 배우는 연기한다는 것을 의식하지만, 참으로 능숙한 배우는 자신의 언행이 연기라는 것을 전혀 모르고 연기 그 자체에 푹 빠지기 때문이다.

일상적 상호작용에서 우리는 연기자들처럼 전면과 후면의 두 영역에서 자아 표현의 방식을 바꾸기도 하고, 때로는 겉과 속이 다른 자아를 드러내기도 한다. 이를 설명하기 위해, 고프만은 어떤 레스토랑에 근무하는 웨이터가 주방에서 식당(dining room)으로 이동할 때 웨이터의 행동에 나타나는 변화를 사례로 든다. 식당이라는 전면(front-stage)에서는 웨이터는 손님에게 노예와 같은 순종의 태도를 나타내다가, 후면(backstage)인 주방으로 들어가면, 정반대로 거만해지거나 아니면, 전면에서 수행해야 했던 노예적 굴종을 스스로 비웃기도 한다.

표면적으로는 고프만의 연극론적 분석이, 개인은 사회가 요구하는 규범적 제약을 내면화한다는 점을 강조하는 사회학의 역할이론과 유사한 것처럼 보인다. 그러나 고프만의 연극론은 역할이론의 안과 밖을 뒤집어, 사회의 규범적 제약보다는, 오히려 연기자가 사회적으로 수용될 수 있는 가면의 탈을 쓰고, 자신을 은폐하기도 하고 과장하기도 하는 여러 가지 전략적 기교를 통해 자아를 표현하는 방식에 분석의 초점을 둔다.

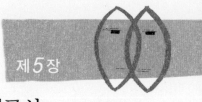

제5장

사회화와 주체구성

다른 포유동물에 비하면, 인간은 놀라울 정도로 미완성된 존재로 태어 난다고 한다. 인간으로 태어 난다기 보다는, 사회적 상호작용의 과정에 서 인간으로 길러진다고 보는 것이 옳을 것이다. 자연적 존재가 문화적 존재로 개별적 존재가 사회적 존재로 성숙되기 위해서는 사회적 삶에 필 요한 행동양식과 문화규범을 내면화하는 사회화의 과정을 거쳐야 한다. 인간됨은 이러한 사회화 과정에서 형성되는 사회적 산물이고, 이러한 사 회화가 없다고 하면 사회가 유지 존속될 수 없을 것이다. 이와 같이 사회 화의 과정은 한편으로는 사회통합과 사회의 유지 존속에 필수적일 뿐만 아니라, 개인의 인간형성 혹은 주체성 구성에도 필수적이다.

이와 같이 사회화는 사회를 유지 존속시키는 기능과 사회구성원 개인의 인간형성 혹은 주체성 구성 기능이라는 두 가지 측면을 내포한다. 요컨대, 개인과 사회가 사회화에 상호의존적(mutually dependent on socialization)이라고 할 수 있고, 다시 말해서, 사회화는 사회 중심적 관점에서 보면, 개인이 사회의 문화적 규범을 내면화하는 과정이고, 개인 중심적 관점에서 보면, 사회적 상호작용을 통해서 자아를 형성하고 자기 고유의 주체성을 형성하는 과정이라고 할 수 있다.

5.1 기능주의적 사회화

매년 신입생이 입학하면 학과별 MT(membership training)가 있다. MT는 해마다 구성원들은 달라져도 그 학과의 정체성이 유지 존속될 수 있도록, 새내기들에게 전통적으로 계승되어 온 학과의 학풍을 내면화시키는 사회적 의식(social ritual)이다. 현실적으로는 학풍을 내면화시키지 않고, 소주만 먹이는 경우도 없지 않으나, 당위적으로는 공유 규범이나 공유가치를 내면화시키는 것이 그 목적이다. 모든 조직과 집단 혹은 사회는 그 구성원들이 어떤 규범과 가치를 공유할 때 비로소 그 조직과 집단 혹은 사회의 정체성이 유지 존속될 수 있는 것이다. 이와 같이 어떤 공유의 가치, 태도, 신념, 행동양식 같은 사회 문화적 규범을 내면화하는 과정을 사회화(socialization)라고 한다.

사회화에 관한 이론 중 주류는 미국 사회학자 파슨즈(Parsons)가 체계화한 기능주의적 사회화 이론이다. 기능주의(functionalism)는 갈등이론(conflict theory)에 대립되는 사회학 이론이고, 그 주된 관심은 사회체계 혹은 사회질서를 유지하는 데 있다. 사회학에서 사회질서의 문제는 일반적으로 '홉스의 문제'라고도 부른다. 홉스는 사회질서를 유지하기 위해 강력한 권력(Leviathan)이 필요하다고 보았으나, 파슨즈는 『사회적 행위의 구조』(The Structure of Social Action: 1937)에서, 사회구성원들이 사회의 공유가치나 규범을 자발적으로 내면화함으로써 사회질서를 유지할 수 있다고 주장하는 이른바 자원론(voluntarism)적 행위이론을 제기하였다.

그러나 『사회 체계론』(The Social System: 1951) 이후부터, 파슨즈는 자발적 내면화를 강조하던 종래의 자원론적 요소를 외면하고 점차 체계론적 접근을 선호하기 시작하였다. 후기의 파슨즈가 선호한 체계론적 접근(system approach)의 핵심은 구성요소보다는 전체체계, 다시 말해서, 개인보다는 사회에 우선성을 부여하는 입장이라고 할 수 있다. 개인과 사회의 수평적 상호관계를 중요시하는 마르크스의 입장이 아니라, 개인보다 사회에 특권적 지위를 부여하는 헤겔의 사회철학적 입장에 가깝다고 할 수 있다.

기능주의를 비판하는 굴드너(Gouldner), 밀스(Wright Mills) 같은 학자들은, 파슨즈의 기능이론이 사회안정(social stability)과 사회질서(social order)의 필요성만 설명할 뿐, 엄연히 존재하는 사회갈등을 외면하고, 그래서 사회변동의 가능성에 대한 분석을 회피하는 보수적 이데올로기에 불과하고, 미국 자본주의의 지배적 가치를 무비판적으로 대변하는 균형감각 없는 '거대이론'(grand theory)이라고 비판한다. 그럼에도 불구하고, 파슨즈의 기능이론은, 미국의 대학가에 신좌파 운동과 비판이론이 설득력을 얻기까지는, 사회연구의 유일한 패러다임인 것처럼 군림해왔다.

이상에서 간략히 개관한 것처럼, 파슨즈의 기능이론은 사회질서를 유지 존속하는 데 주된 관심이 있고, 그래서 사회화에 관한 기능론적 이론도 이러한 맥락에서 전개된다. 사회의 유지 존속을 위해서는 사회의 공유가치 및 규범을 사회화 과정에서 내면화시켜야 한다는 것이다. 포괄적 수준의 문화체계를 이루는 요소는 이념과 가치 및 규범이고, 이는 사회체계의 구성요소인 제도와 역할 및 역할기대에 각기 상응하며, 이는 다시 인성체계를 이루는 개인과 욕구 및 동기에 각기 상응한다.

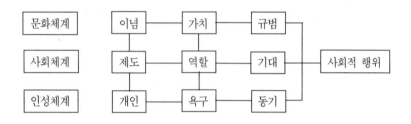

예컨대, 이념, 가치, 규범을 각기 자유주의(liberalism), 업적주의(meritocracy), 차등보상(differential rewards)이라고 하면, 사회체계가 행위자 개인에게 요구하는 역할기대는 보다 많은 보상을 받기 위해서, 보다 열심히 일해야 한다는 것이고, 개인은 이러한 역할기대(role expectation)에 의하여 동기화되어야 한다는 것이다. 인간은 누구나 어떤 역할을 맡아서 그 역할기대에 따라 충실하게 행동할 때 비로소 사회적 인정을 받을 수 있다. 그러나 역할 내용은 개인에 의해서가 아니라 사회적으로 규정되고, 역할기대 대로 행동하지 않는 사람은 사회적 제재를 받는다는 의미에서 역할은 개인에 외재하고 개인에게 구속력을 행사한다.

그러나 역할기대의 내면화를 뜻하는 사회화가 사회적으로 인정받는 순응적 인간을 만들기는 하지만, 동시에 바로 이러한 사회화 과정이 개성과 자율성 같은 가장 본질적인 인간의 특성을 억압하는 비인간적인 역기능을 수행할 수도 있다. 개인이 그 자신의 고유성과 개성을 망각할 정도로 외재적 규범을 무비판적으로 내면화 하는 과(過)사회화는 그 개인은 물론 사회 발전을 위해서도 역기능적 현상이다. 오늘날의 비판이론 중에는 사회화가 결국 재생산 이데올로기에 불과하다고 보는 이론이 많다. 아래에서 우리는 재생산을 가능하게 하는 순응적 주체가 구성되는 원리를 정신분석학적으로 해명하는 라깡의 주체구성이론을 검토하기로 한다.

5.2 재생산과 주체구성

사회과학에서 논의되는 '재생산'은 물질적 재화의 재생산이 아니라, 예컨대, 계급적 재생산, 문화적 재생산, 가부장제도(patriarchy)의 재생산 같은 표현이 암시하는 것처럼, 사회적 관계나 제도의 재생산을 비판하는 개념이다. 그러나 사회적 재생산을 비판하면서도 재생산을 가능하게 하는 순응적 주체가 구성되는 원리나 과정에 대한 본격적 연구는 거의 없는 것이 현실이다. 바로 이러한 이론부재를 부분적으로 보완할 수 있는 대표적 이론으로 라깡의 주체구성이론을 꼽을 수 있다.

① 원초적 상실감

인간의 존재론적 본질은 영원히 충족될 수 없는 '결핍'이라고 보는 철학적 입장이 있다. 라깡(Lacan)은 이러한 존재론적 결핍을 플라톤의 심포지엄에 나오는 아테네의 희곡작가 아리스토파네스(Aristophanes)의 말을 인용하여 신화적 은유로 설명한다. "한때, 팔과 다리가 각기 네 개씩 있고, 두 개의 얼굴을 가진 둥근 모양의 괴물 같은 존재가 있었다. 이 괴물 같은 존재는 워낙 힘이 세고 거만할 뿐만 아니라 매우 정력적이어서 때로는 하늘 높이 치솟아 올라가 신에게까지 덤벼들기 때문에, 제우스신이 이를 분개하여 두 부분으로 쪼갬으로써 남자와 여자로 분리된 것이다."

이 신화를 소개하면서, 라깡이 상정하는 것은 다음과 같다. 첫째, 인간 주체는 그 원초적 통일성이 분열된 상태이므로, 상실된 통일성을 회복하려는 끊임없는 욕망에 사로잡힌 결핍의 존재라는 것이다. 둘째, 이러한 결핍으로서의 욕망은 그 본질에 있어서 성적 욕망이다. 분할로 인하여 원초적 남녀 양성(androgyny)의 충만함을 상실하고 남자 혹은 여자로 쪼개졌기 때문에, 상실된 충만함을 되찾으려는 줄기찬 욕망은 결국 성적 욕망이다. 셋째로, 인간은 성적 결합을 추구함으로써, 이러한 상실에 기인된 주체의 고통을 해결하려고 하는 무의식적 욕망에 사로잡힌 존재라는 것이다. 그러나 라깡에 있어서 무의식적 욕망은 언어적 질서로 구조화되고 그래서 상징적이다.

② 자아의 발달

라깡은 1901년 가톨릭교도의 가정에서 태어났다. 파라노이아(paranoia)에 관한 연구로 박사학위를 받은 정신과 의사이면서, 레비스트로스, 알

뛰세, 푸코 등과 함께 프랑스 구조주의와 포스트구조주의를 주도한 철학자이기도 하다. 학위취득 후 15년 동안은 여러 잡지에 논문만 발표하다가, 1966년에 이들 논문을 가다듬어 『에크리(Ecrits)』를 편찬하였고, 그의 대표작이 된 이 책의 출판으로 라깡의 명성은 높아졌다.

Freud의 정신분석이론이 욕망의 개인심리적 차원을 강조하는데 비하여, Lacan의 언어학적 정신분석이론은 욕망의 사회문화적 상징성을 강조한다. 이는 무엇보다도 언어가 사회문화적 상징체계이기 때문이다. 출생에서부터 시작하여 상상적 단계와 상징적 단계를 거치면서, 개인이 '주체'로 구성되는 과정에 대한 그의 관점도 자아(Ego)의 조정적 기능보다는 오히려 무의식의 중요성을 강조하는 것이 특징이다. 주체가 구성되는 과정에 관한 그의 설명에서 가장 핵심적인 것은, 주체가 의식하지 못하는 무의식 수준의 결핍이 인간의 존재론적 특성이라는 것이다.

③ 상상적 단계

오이디푸스 이전의 단계(pre-Oedipal stage)를 지칭하는 상상적 단계는 어린 아이가 자아와 타아를 아직 구별하지 못하고, 심지어 자신과 어머니도 구별하지 못하는 자기중심적 단계이다. 이 단계는 아이들이 타자와의 상상적 동일시(imaginary identification)를 통해서 자신을 인식하기 때문에 상상적 단계라 하고, 타자라는 '거울'을 통해서 자신을 인식한다는 의미에서 거울단계(mirror stage)라고도 하고, 이 단계의 심리적 상태를 상상적 질서 혹은 상상계라고 한다.

주체구성의 첫 단계인 상상계의 특징은 이른바 거울단계에서 가장 잘 나타난다. 거울단계는 생후 6개월에서 18개월 사이의 유아가 거울에 비친 자신의 영상을 발견하면서 시작된다. 동물은 거울에 비친 자기 영상에 대하여 인간과 아주 다른 반응을 보인다고 한다. 고양이는 그 영상을 자신의 것으로 알아차리지 못하고, 침판지는 그것을 자신의 영상으로 알아보기는 하나 별다른 관심을 나타내지 않는다. 오직 인간만이 이 단계에 이르러 거울에 비친 영상을 자신의 영상으로 알아차리고 매우 기뻐한다.

거울단계 이전까지는 자신의 몸이 조각나 있다는 생각에 사로잡혀 있던 아이가 거울을 통해서 자기 몸의 통일성을 확인하면서 매우 기뻐한다는 것이다. 이는 거울이라는 타자를 통해 이상적 자아를 경험하는 것이기 때문에, 거울상이라는 타자와의 상상적 동일시를 통해서 자신을 인식하는 이 단계의 자아를 이상적 자아(ideal ego)라고 한다. '거울 혹은 거울 앞에 선 아이'는 은유적 표현이기 때문에, 여기서 이상적 자아는 타인을 자기 자신인 것처럼 상상하고 오인하는 나르시즘적 자아를 뜻하고, 오도된 동일시에 기인된 매우 불안정한 수준의 자아 개념이다.

비단 어린 아이들만 허위의 동일시를 하는 것이 아니라, 청소년이나 심지어 어른들 중에서도 오도된 동일시에 매몰된 사람들이 적지 않다. 청소년들이 인기 배우나 가수를 우상으로 삼고, 우상의 행동을 모방함으로써, 인기 높은 배우나 가수의 이미지를 통해서 자신의 이상적 자아를 발견하거나, 어른들 중에도 성공한 형제나 동문 등 타자의 성취를 마치 자신의 성취인 것처럼 상상하는 역설적 행동은, 결국 타인을 자신으로 오해하는 허위의 동일시이며, 상상적 관계를 통해 타자가 나르시즘적 자아가 되는 심각한 자기소외의 징후이다.

상상적 단계의 인식은 그 본질에 있어서 오인을 내포한 것이고, 자기 외부에 있는 거울상(external image)을 통해 자기를 인식하고, 자기 정체성의 근거가 주체 외부에 있기 때문에 자기 소외라 하지 않을 수 없다. 이와 같이 타자를 통해 자아를 인식하는 상상적 단계의 주체는 매우 이중적이다. 한편으로는 타자라는 거울이 제공하는 정체성을 사랑하면서도, 다른 한편으로는 그것이 항상 주체 외부에 존재하기 때문에 소외감을 느끼게 되고, 이 소외감이 증오로 표출되기도 한다. 어린 아이들이 평소에 소중히 여기고 사랑하던 인형을 때로는 눈을 후비고 배를 찌르고 집어던지는 등 공격적 행태를 나타내는 것도 이러한 이중성을 입증한다. 이와 같이 상상적 단계의 주체는 오도된 동일시와 이중성이 그 특징이다.

④ 상징적 단계

인간은 자연적 소여의 욕구를 문화적으로 충족하는 존재라 할 수 있다. 이는, 다시 말해서, 생리적 욕구를 문화적으로 충족하려고 노력하는 과정에서, 자연적 존재가 문화적 존재로, 동물적 존재가 인간적 존재로 성숙된다는 것을 뜻한다. Lacan의 표현을 빌리면, 어린 아이가 언어적 혹은 상징적 질서(symbolic order)에 진입하게 되면, 유기체로서의 '욕구'는 언어적 의미작용(signifying)이라는 매우 까다로운 검문소를 통과해야 하기 때문에, 언어적 '요구'로 담아낼 수 없는 욕구가 의식의 심층적 저변으로 억압되어 무의식적 '욕망'을 형성한다고 본다. 욕구(need)가 생리적 충동이라면, 요구(demand)는 그 언어적 표현 혹은 상징적 표상이고, 생리적 욕구와 언어적 요구간의 메울 수 없는 심연에서 무의식적 욕망(desire)이 형성되는 것이다.

욕구와 요구 및 욕망을 이렇게 구별하는 것이 Lacan의 주체구성이론에서 핵심적 역할을 수행한다. 생리적 욕구에서 비롯되는 우리의 삶은 이를 충족시키기 어렵다는 무력감 때문에 언어적 요구를 거쳐 우회하지 않을 수 없다. 언어적 우회로(detour)에서 억압되는 것이 무의식적 욕망을 이룬다. 인간은 상징적 표상수단인 언어를 구사하기 시작하면서부터 언어로 표현될 수 없는 자기 존재의 상당부분을 억압하지 않을 수 없기 때문에, 이전단계보다 엄청난 자기소외를 느끼게 되는 것이다. Lacan은 이를 언어구사에 수반된 존재의 사라짐(fading of the subject's being)이라는 어려운 말로 표현하고 있으나, 그 뜻은 상징수단인 언어가 분열된 주체를 구성하는 핵심적 지형이라는 것이다.

따라서 언어를 사용하기 시작하면서부터 '주체'구성의 상징적 단계에 진입한다는 것이고, Freud와 Lacan이 모두 즐겨 인용하는 이른바 실패놀이(fort/da game)는 아이가 최초로 언어적 상징질서에 진입하기 시작하는 전형적 사례라 할 수 있다. Lacan은 Freud가 그의 손자에게서 관찰한 실패놀이가 인간소외의 전형적 사례라고 본다. 이는 생후 약 18개월 된 아이가 실패에 실을 매달고, 이를 침대 위로 집어던지면서 오오!(fort)라는 소리를 내고, 다시 자기 쪽으로 획 잡아당기면서 기쁨에 찬 모습으로 아!(da)라는 소리를 내는 놀이를 지칭하는 것으로, 인간이 상상적 단계에서 상징적 단계로 이행하는 전환기의 대표적 사례이면서, 동시에 주체구성의 중요한 과정이라는 것이다.

Freud는 이 놀이를 어머니의 빈번한 부재에서 오는 불쾌감을 해소하려는 무의식적 시도라고 보고, '오오!'와 '아!'를 각기 어머니가 빈번히 사라졌다가 다시 돌아오는 것을 상징하는 놀이라고 보았다. 그러나 Lacan은 이 단계의 아이가 아직은 자신과 어머니, 자신과 타자를 구별하지 못하는 상상계를 완전히 벗어나지 못한 상태이기 때문에, 실패를 자기 자신과 동일시한다는 것이고, 그래서 이 놀이를 자기 존재의 빈번한 부재와 현존을 상징적 기표로 표상하는 놀이라고 해석하고, '오오!'와 '아!' 같은 초보적 발화행위를 통해서 존재의 사라짐과 드러남이 상징하는 분열적이고 불투명한 주체가 구성되기 시작한다고 본다.

아이는 실패놀이가 상징하는 이러한 전환기를 거쳐, 이른바 오이디푸스 콤플렉스(Oedipus complex)를 느끼기 시작하면서부터 상징적 단계에 본격적으로 진입한다. 자신과 어머니를 구분하지 못하는 상상적 동일시가 거울단계의 특징인데 비하여, 상징적 단계는 언어의 습득과 함께, 충족될 수 없는 욕망의 사라짐과 함께, 아버지가 아이의 정신세계의 중앙무대에 출현하는 것이 그 특징이다. 아버지의 출현은 어머니와 상상적 동일시에 빠져있던 환상을 파괴하면서 아이를 상징적 질서에 편입시킨다. 상상적 단계의 아이에게 어머니는 가장 중요한 동일시의 대상이요,

최초의 욕망의 대상이다. 그러나 상징적 단계에 진입하게 되면, 아버지
가 이제 욕망의 핵심적 대상이 된다.

상상적 단계의 아이는 원래 어머니와 함께 하고자 하나, 아버지의 출
현과 함께 상징적 단계에 진입한 아이는 아버지를 타도하고 어머니와 함
께 하려는 욕망에 기인된 오이디푸스 콤플렉스(Oedipus complex)를 느끼
게 된다. 그러나 이러한 욕망은, 앞에서 언급한 것처럼, 자연적 존재가
문화적 존재로, 동물적 존재가 인간적 존재로 성숙되기 위해서 필연적으
로 억압해야 할 욕망이고, 이는 곧 레비스트로스의 근친상간 금기(incest
taboo)와 같은 것이다. 그래서 아이는 오이디푸스 콤플렉스와 이에 수반
된 거세공포(castration fear)를 극복하는 유일한 방안으로 어머니와 함께
하려는 욕망을 억압하고, 아버지의 이름이 상징하는 사회문화적 규범을
내면화하고, 그래서 아이의 욕망의 대상이 어머니에서 아버지로 치환된
다. 결국, 사회문화적 규범을 상징하는 아버지라는 기표가 주체구성과정
에 결정적 기표로 군림하게 된다.

상징적 단계는 오이디푸스 콤플렉스와 거세위협이 상징하는 인정의
박탈위협을 통해서, 아이로 하여금 욕망을 억압하게 하고, '아버지의 이
름'이 상징하는 사회문화적 규범을 내면화하여 초자아를 형성케 하고,
그래서 사회문화적 질서에 동조하는 순응적 주체로 구성되는 것이다. 이
러한 과정에서 억압된 욕망이 무의식을 형성하게 되므로, 욕망은 우리가
상징적 질서에 머무는 한 영원히 충족될 수 없는 것이다. 다시 말해서,
무의식의 징후들이 무의식의 내용을, 기표의 연쇄가 그 기의를 여실히

재현할 수 없는 것이다. 앞에서 우리는 주체가 상징적 기표의 산물이라고 했다. 주체가 기표의 산물이고 그 효과라고 하면, 기표는 은유적 혹은 환유적 연쇄를 따라 다른 기표로 끊임없이 이어질 뿐, 그 기의로서의 '나'를 여실히 재현할 수 없기 때문에, 라깡의 주체는 투명한 주체가 아니라 불투명한 주체다. 라깡이 즐겨 쓰는 $라는 기호는, 주체(S)를 삭제 하에 둠으로써 주체의 불투명성을 강조하는 것이다.

이상과 같이 라깡은 프로이트가 동의어처럼 혼용해 온 욕구와 요구 및 욕망을 엄격히 구별하고, 이러한 구별을 통해 무의식적 욕망이 상징적이고 언어적인 것임을 강조한다. 이는 무엇보다도 생리적 욕구가 상징적 체계인 언어적 의미화를 거쳐 우회하는 과정에서 무의식적 욕망이 형성되기 때문이다. 언어적 우회는 필연적으로 나와 독립된, 내가 따라야 할, 그리고 나를 규제하는 사회문화적 규범을 전제한 것이요, 라깡의 표현을 따르면, 큰타자(Other)를 전제한 것이다. 무의식적 욕망은 언어를 통해서 언어처럼 구조화된 것이므로 큰 타자(他者)의 담론이고, 따라서 욕망은 심리적이거나 생리적인 에너지의 흐름이라기보다는, 오히려 언어적 상징으로 구조화되고 언어처럼 작동되는 것이다.

제6장

사회적 인지

    사회적 상호작용의 과정에서 타인에 대한 인상을 형성하고, 타인이 행한 행동의 원인을 추론하는 과정을 사회적 인지(social cognition)라고 한다. 사회심리학에서는, 타인에 대한 인상을 형성하는 것을 대인지각(person perception), 행동의 원인을 추론하는 것을 귀인(attribution)이라고 한다. 대인지각과 귀인은 우리의 일상적 상호작용에 있어서 누구나 실천하고 있는 사회심리학적 주제들이다. 사회적 인지에 있어서 우리는 타인의 인성과 행동의 원인에 관련된 정보를 단편적으로 인지하는 것이 아니라 일정한 형태로 조직하여 하나의 구조화된 의미체계로 파악한다.

    대인관계의 역동은 합리적으로 예측할 수 있는 측면도 있고, 동시에 비합리적 요인의 영향을 받는 측면도 있다. 다시 말해서 우리의 대인지각과 귀인이 합리적이고 이성적으로 이루지기도 하고, 때로는 우리의 대인지각과 귀인에 비합리적이고 비이성적인 편견과 오류가 작용할 수도 있다는 것이다. 따라서 대인지각과 귀인에 있어서, 한편으로는 우리가 합리적 판단과 추론을 하도록 노력하면서도, 다른 한편으로는 항상 우리의 판단과 추론에도 오류가 있을 수 있음을 인정함으로써 사회적 갈등을 예방해야 할 것이다.

6.1 대인지각

타인에 대한 정보를 다양한 원천에서 얻게 된다. 어떤 사람에 관한 사실적 정보를 글을 통해서 알기도 하고, 제3자로부터 듣게 되는 경우도 있고, 혹은 직접적 대면을 통해서 그의 언행, 의상, 용모, 인품에 대한 인상을 형성하기도 한다. 타인에 대한 정보를 어떤 방식으로 얻게 되든지, 우리는 다양한 정보를 통일성 있는 전체(coherent whole)로 통합해서 지각한다. 이와 같이 타인에 관한 다양한 정보를 근거로 하나의 통합된 인상을 조직하는 과정을 인상형성(impression formation) 혹은 대인지각(person perception)이라고 한다.

① 중심적 특성

에쉬(Solomon E. Asch)는 1946년에 발표한 「인성에 관한 인상형성」(Forming Impressions of Personality)에서, 타인에 대한 우리의 인상은 단편적으로 이루어지는 것이 아니라 어떤 구조를 이루고 있다고 주장하였다. 인상형성에 있어서, 어떤 특성은 중심적 역할을 수행하고 다른 특성은 부수적 역할을 수행한다는 것이다. 인상형성에 중심적 역할을 수행하는 인성특성을 중심적 특성(trait centrality)이라고 한다.

인상형성에 있어서 중심적 특성이 있다는 사실을 입증하기 위해, 에쉬는 실험연구에 참여한 대학생을 A, B 두 집단으로 나누고, 성격 특성에 관한 일련의 형용사를 제시하였다. 이들 두 집단에게 제시한 형용사는 아래와 같이 한 가지만 다르고 나머지는 모두 같은 것들이다.

A 집단: 온화한, 지성적인, 능숙한, 성실한, 단호한, 실제적, 사려 깊은
B 집단: 냉정한, 지성적인, 능숙한, 성실한, 단호한, 실제적, 사려 깊은

위의 형용사들을 제시한 후, 두 집단 구성원들에게 이들 형용사로 묘사되는 사람의 성격에 대한 인상을 물어본 결과, A 집단은 매우 긍정적으로 보는 반면에, B 집단은 매우 부정적으로 보고 있음이 드러났다. 이러한 실험결과를 토대로 에쉬는 다음과 같은 결론을 내렸다.

우리는 온화한 사람의 지성은 이타적 지성으로, 냉정한 사람의 지성은 이기적 지성으로 인지하고, 온화한 사람의 단호함은 헌신적 단호함으로, 냉정한 사람의 단호함은 무자비함으로 인지하는 경향이 있다는 것이다. 말하자면, 우리는 타인의 다양한 인성 특성들을 단편적으로 파악하는 것이 아니라, 일관된 전체(coherent whole)로 지각하는 경향이 있고, 중심적 특성에 입각하여 다양한 정보를 구조화된 전체로 지각한다는 것이다.

에쉬(Asch)의 실험결과가 뜻하는 것처럼, 일반적으로는 온화함(warm)-냉정함(cold)이라는 특성이 타인에 대한 인상형성에서 중심적 특성이고, 따라서 온화한 이미지가 원만한 대인관계에 유익하다고 할 수 있다. 그러나 과학적 연구능력이나 심미적 감수성 같은 특수한 능력과 적성을 가진 사람을 선발할 목적으로 타인의 인성특성을 평가할 경우에는 강조되는 중심적 특성(central trait)도 달라질 수 있다는 점을 유의해야 한다.

② 정보의 통합

타인에 대한 인상을 형성함에 있어서, 우리는 매우 다양한 정보들을 단편적으로 수용하는 것이 아니라 구조화된 전체로 통합하는 경향이 있다고 했다. 일반적으로 정보를 통합하는 데 활용되는 모형은 총괄적 평가, 합산법, 평균법, 가중평균모델 등 크게 네 가지가 있다.

첫째로, 총괄적 평가 모델(overall evaluation model)은 가령 신입사원 채용을 위한 면접에서, 어떤 지원자의 사고방식이 비생산적이라고 판단하여 실격시키는 경우라든지, 혹은 새로 소개 받은 어떤 사람의 성격이 쾌활하기 때문에 파티에 초대하기로 결정하는 경우처럼 총괄적으로 평가하는 방식이다.

둘째로, 합산법(additive model)은 가령, 상상력은 부족하나(-1), 진지하고 (+3), 우호적인(+2) 어떤 사람에 대한 인상을 개별적 특성에 부여된 가치지수를 종합하여 (+4)로 평가하는 방법을 뜻 한다.

셋째로, 평균법(averaging model)은 예컨대, 진지하고(+3), 우호적이며 (+2), 인내력 있는(+1) 어떤 사람의 모든 개별적 속성들의 가치지수를 평균하여 (+2)로 평가하는 방식이다.

넷째로, 가장 널리 쓰이는 통합방식으로 가중평균모델(weighted averaging model)이 있다. 가중평균모델은 개별적 특성들의 가치를 평균하면서도, 특정 정보에 가중치를 부여하는 인상형성 방식이다. 다시 말해서, 이 모델은 타인에 대한 인상형성에 있어서 모든 정보가 동일한 영향을 미치는 것이 아니라, 상대적으로 높은 비중을 부여하게 하는 요인이 있다고 보는 입장이다. 상대적으로 큰 영향을 미치는 요인은, (1)보다 신뢰할 수 있는 정보(credible information), (2) 부정적인 특성(negative attributes), (3) 당면 목적에 적합한 속성(attributes that pertain to the purpose at hand), 그리고 (4) 첫 인상 등을 들 수 있다. 그러나 첫 인상은 대인지각에 있어서 특히 중요하기 때문에 절을 바꾸어 다시 설명하기로 한다.

③ 첫 인상

다른 사람을 처음 소개받거나 만나게 되는 경우, 우리는 그 사람에 대한 정보도 극히 제한되어 있고 상호작용이나 인간관계가 거의 전무한 상태이다. 그럼에도 불구하고 우리는 타자와의 첫 대면을 통해 그 사람에 대한 첫 인상(first impressions)을 형성하게 되고, 이렇게 형성된 첫 인상이 앞으로 그 사람에 대한 대인지각에 지속적인 영향을 미친다. 첫 인상의 이러한 지속적이고 위력적 효과를 초두효과(primacy effect)라고 한다. 타인에 대한 첫 인상이 일단 형성되고 나면, 처음 접하는 정보보다는 후속되는 정보에 대해서 주의를 덜 기울이기 때문에, 이를 기존의 인지구조와 일관된 방식으로 해석하는 경향이 있고, 따라서 일반적으로 첫 인상은 대인지각에 지속적 영향을 미친다.

이와 같이 대인관계에 있어서 첫 인상의 위력적이고 지속적인 초두효과는 강력하다. 그러나 경우에 따라서는 가장 최근의 정보가 대인지각에 있어서 보다 강력한 영향력을 발휘하는 경우도 있다. 상호작용이 오래 지속되는 과정에서 첫 인상이 소실될 정도로 첫 인상과 대조적인 어떤 특성이 발견될 경우에는 최근의 정보가 대인지각에 결정적 요인으로 작용하기도 한다. 우리는 이러한 현상을 초두효과와 구별하기 위해서 특별히, 최신효과(recency effect)라고 한다.

④ 스키마와 스테레오타입

인간의 인지구조는 정보를 처리할 수 있는 정교한 체계이다. 그래서 정보나 자극을 단편적으로 수용하는 것이 아니라, 독성물질, 대학생, 유대인, 발레리나, 중년남자, 문화인 같은 일련의 부류나 집단으로 범주화하여 지각한다. 이렇게 범주화한다는 것은 지각 대상을 그 대상이 소속되는 범주의 전형적 속성 혹은 원형(prototype)에 비추어 비교한다는 것을 뜻한다. 다시 말해서, 우리의 마음이 지각대상과 그들의 속성 그리고 속성들 상호간의 관계로 이루어진 어떤 구조를 형성하는 것을 뜻한다. 이와 같이 사람, 집단, 역할, 행사 같은 사회적 실체들에 관하여 조직화된 인지적 구조를 도식 혹은 스키마(schema)라고 한다. 스키마는 우리가 사회적 대상에서 무엇을 지각할 것이며, 얻은 정보를 어떻게 조직하며, 어떻게 추론하고 판단할 것인가를 방향 지우는 인지의 구조적 특성과 같은 것이다.

우리가 일상적으로 사용하는 스키마는 여러 가지가 있다. 예컨대 '김구 선생'하면 우리는 정직하고, 단호하고, 민족주의적이라는 스키마를 가지고, 그에 관한 다른 정보도 이와 일관되게 조직하는 경향이 있다. 이와 같이 특정 개인이나 특정 부류의 사람들의 인성을 파악할 때, 우리가 의거하는 인지구조를 대인 스키마(person schema), 자신의 특성과 성향에 대한 개념을 조직하는 인지구조를 자기 스키마(self-schema), 결혼식, 장례식, 졸업식, 취업을 위한 면접, 첫 데이트, MT(membership training)처럼, 사회적 행사를 파악하는 인지구조를 행사 스키마(event schema), 사회적 역할을 파악하는 인지구조를 역할 스키마(role schema)라고 한다.

스테레오타입(stereotype)은 어떤 사회범주 혹은 사회집단에 속하는 모든 구성원들에게 특정 고정관념을 무차별적으로 적용하는 것을 뜻한다. 예컨대, 페미니스트는 좌파적이고 호전적이며 급진적 인물(bra-burning radicals)이라든가, 미국의 우파 공화당원들은 인종차별적이고 무자비한 반동분자들이라든가, 유대인은 돈밖에 모르는 수전노들이라는 평가는 그 구성원들에게 획일적으로 적용된 근거 없는 고정관념이다.

이와 같은 극단적으로 과장된 표현들이 이른바 집단 고정관념(group

stereotype)의 대표적 사례라 할 수 있다. 극단적 과장이라고 한 이유는 모든 여성운동가, 모든 우파 공화당원, 모든 유대인에게 무차별적으로 과격하고, 반동적이고, 돈밖에 모른다는 획일적 관념을 적용하기 때문이다. 이러한 집단 고정관념은 지나친 일반화이기 때문에 사회적 인지와 대인 지각에서 야기되는 여러 가지 오류의 원인이 된다.

그러나 이러한 고정관념은 지나친 일반화이고 그래서 정당화되기 어려운 여러 가지 문제점이 있음에도 불구하고, 일상적 인간관계의 맥락에서 인상형성에 간과할 수 없는 영향을 미치고 있다. 예컨대, 독일인들은 부지런하고 기술적 사고경향이 뚜렷하며, 아일랜드 사람들은 성미가 급하고, 일본인들은 친절하며, 미국 사람들은 실용적이라는 등의 집단 고정관념이 광범위하게 확산되어있고, 이러한 집단 고정관념은 오류의 원천으로 작용할 수 있기 때문이다.

우리의 대인지각에는 이와 같이 편견과 오류가 수반되기 쉽다. 잘못된 판단을 내리게 되는 요인들 중에 전형적인 것으로 후광효과(halo effect)라는 것이 있다. 이는 우리가 타인에 대하여 전체적인 인상을 일단 좋게 형성하고 나면 그 사람의 다른 모든 태도나 행동도 좋게 평가하고, 전체적 인상을 일단 부정적으로 형성하고 나면 그 사람의 다른 모든 특성도 부정적으로 평가하는 경향이 있는데 이를 후광효과라고 한다. 그래서 우리는 백조의 하품은 게으름의 표상이요, 사장의 하품은 피로의 표상이라고 파악한다.

6.2 귀인이론

우리는 가끔 다른 사람이 특정 행동을 하게 된 원인이 무엇일까에 대해서 깊이 생각한다. 타인의 행동이든 자신의 행동이든 일반적으로 행동의 원인을 추론하는 과정을 귀인(歸因)이라고 한다. 행동은 관찰할 수 있지만, 행동의 원인은 관찰할 수 없기 때문에, 귀인 과정은 경험적 관찰이상의 어려운 추론을 필요로 한다. 어떤 사람이 나에게 호의적 행동을 했을 때, 그가 원래 호의적 성격의 소유자이기 때문에 그렇게 한 것인지, 아니면 그가 맡은 역할 때문에 그러한 행동을 할 수밖에 없었는지를 알아야 상응하는 반응도 할 수 있고, 앞으로 그가 취하게 될 행동을 예측할수도 있기 때문에 행동의 원인을 합리적으로 추론할 필요가 있다.

귀인을 할 때 우리는 먼저 타인의 행동을 관찰하고, 그 이면의 동기, 의도, 능력, 인성과 그런 행동을 하게 된 상황적 압력 같은 것을 추론한다. 귀인이론의 선구자격인 하이더(Fritz Heider)는 학자들뿐만 아니라 보통 사람들도 타인이 특정 행동을 하게 된 원인을 이해하기 위해, 비록 상식적 수준이긴 하나 그 나름의 합리적 추론을 한다고 본다. 사회심리학 영역이 거의 그렇긴 하지만, 특히 귀인은 모든 일반인의 일상적 관행이기 때문에, 하이더는 이를 소박한 심리학(naive psychology)이라고 한다. 그타당성 여부야 어떻든 현실적으로 소박한 심리학이 폭넓게 활용되고 있기 때문에, 사회심리학은 이러한 상식적 수준의 원인 설명방식을 검토해야 한다는 것이다.

① 성향 및 상황귀인

하이더(Heider)는 행동의 원인 추론을 그의 은사 레빈(Levin)의 공식, B=f(P, E)에서 시작한다. 레빈이 인간 행동(B)을 인성(P)과 환경(E)의 함수라고 본 것처럼, 하이더는 우선, 행동의 원인은 개인의 성향에 있을 수도 있고, 그 개인이 처한 상황에 있을 수도 있다고 본다. 그는 특정 행동을 한 원인이 행위자의 내면적 성향에 있다고 추론하는 것을 성향 귀인(dispositional attribution) 혹은 내적 귀인(internal attribution)이라 하고, 행동의 원인이 환경적 상황에 있다고 추론하는 것을 상황 귀인(situational attribution) 혹은 외적 귀인(external attribution)이라고 한다.

다른 사람이 실수를 하면 그 능력이나 노력이 부족했기 때문이라고 보고, 자신이 무엇에 실패하면 여건이 좋지 않았기 때문이라고 생각하는 경향이 있다. 옆집 사람이 실업자 신세가 된 것은 무능하고 나태해서 해고되었다고 생각하고, 자신이 실업자가 된 것은 불가피한 구조조정 때문이라거나, 사회적 차별 때문이라고 판단한다. 타인의 실수는 성향에 귀인하고, 자신의 실수는 상황에 귀인한다는 것이다. 전자는 성향귀인이고, 후자는 상황귀인의 대표적 사례라 할 수 있다.

② 감산규칙

그러나 성향귀인과 상황귀인은 전부 혹은 전무의 범주(all or nothing categories)로 구분하기는 어렵다. 하이더(Heider)가 인간 행동은 행위자의 인성과 행위가 수행되는 환경의 상호작용의 산물이라고 강조한 것처럼, 상황적 제약과 전혀 무관한 인간행동도 있을 수 없고, 행위자 고유의 상황인식과 전혀 무관한 객관적 상황 같은 것도 현실적으로는 있을 수 없기 때문에, 행위의 원인을 개인의 성향에 돌릴 것인지, 환경적 상황에 돌릴 것인지를 합리적으로 결정하는 일은 결코 용이한 일이 아니다. 우선 무엇보다도 귀인에 있어서 개인에 대한 상황적 압력의 강도를 고려해야 하기 때문이다. 현실적으로는 보상과 처벌 및 역할기대 같은 상황적 압력이 개인의 행동에 간과할 수 없는 영향을 미치고 있다. 따라서 어떤 행위의 원인이 성향 때문인 것처럼 보일 경우에도, 상황적 압력의 영향만큼은 에누리해야 할 것이고, 귀인이론에서는 이를 감산규칙(substractive rule)이라고 한다.

예컨대, 어떤 회사의 젊은 사원이 사장에게 아주 공손하고 예의바르게 행동하는 것을 보고, 이 행동의 원인이 젊은 사원의 우호적이고 상냥한 성향 때문이라고 판단하면 이는 성향귀인(dispositional attribution)이고, 만약 그렇게 공손하고 예의바르게 행동하지 않으면 해고될지도 모르기 때문이라고 판단하면 이는 상황귀인(situational attribution)이다. 이것이 비록 꾸며낸 사례이긴 하나, 앞에서 밝힌 것처럼, 인간의 행동은 그의 내면적 성향 때문만이 아니라 환경의 상황적 요인에 의하여 결정되는 측면도 있다는 사실을 예시한 것이다.

감산규칙에 따르면, 저 젊은 사원의 행동을 우호적이고 상냥한 그의 성향 때문이라고 귀인할 경우에도, 최소한 상황에 기인된 만큼은 에누리해서 판단해야 한다는 것이다. 따라서 이 경우에 감산규칙을 적용한다는 것은 성향귀인을 약화(weaken)시키는 것이다. 그러나 경우에 따라서는 감산규칙의 적용이 성향 귀인을 강화(strengthen)시키기도 한다. 가령 어떤 사원이 사장 앞에서도 거칠고 예의 없이 행동했다고 하면 이는 그의 기질 탓이라고 볼 수 있고, 여기에 감산규칙을 적용하면, 성향요인에서 부정적인 상황요인을 제하는 것이므로 결과적으로 성향귀인을 강화시키게 되는 것이다.

③ 공변이론

위에서 소개한 Heider의 귀인이론은 개별적 상황에서 일어난 행동의 원인을 추론하는 이론이다. 그러나 때로는 다양한 상황에서 특정인의 행동에 관한 다양한 정보가 주어지는 경우도 있고, 때로는 특정 상황에서 관련된 여러 사람들에 관한 가용 정보들이 주어지는 경우도 있다. 이와 같이 특정 행동에 관한 다양한 정보가 제공될 경우에는 보다 신뢰할 수 있는 귀인이 가능할 것이고, 이러한 관점에서 켈리(Kelley)는 하이더의 귀인이론보다 더 정교한 공변이론(covariation model)을 제시하였다.

공변이론은 한편으로는 행위자(actor)와 맥락(context) 및 대상(object)에 관한 정보, 다른 한편으로는 합의성(consensus)과 일관성(consistency) 및 특이성(distinctiveness)의 유무에 관한 정보를 수집하여 비교한 후, 이를 근거로 행동의 원인을 추론하는 방법이다. 예컨대, 어느 날 저녁에 학교 앞 어떤 식당에서 일하던 중, 식당 주인이 나와 함께 아르바이트하는 홍길동을 언성을 높여 야단치는 소리를 들었다고 하자. 이 경우에 주인이 홍길동을 야단치는 행동의 원인을 추론하는 귀인과정에 공변모델을 적용해보기로 하자. 야단치는 행동의 원인이 주인의 성격 때문인지, 홍길동의 나태한 근무태도 때문인지, 아니면 그날따라 손님이 적었거나 혹은 다른 요인 때문인지는 모르나, 최소한 이 경우에 행위자(주인), 행동의 대상(홍길동), 그리고 맥락(situation) 등 세 가지 잠재적 원인이 있다고 볼 수 있다.

켈리의 주장에 따르면, 야단치는 행동의 원인이 주인의 성향 때문인지, 아니면 대상이나 맥락 때문인지를 결정하기 위해서는 합의성(consensus)과 일관성(consistency) 및 특이성(distinctiveness)으로 요약되는 세 가지 유형의 정보를 활용해야 한다. 이 행동의 원인이 주인의 성향 탓인지 아닌지를 판단하기 위해 공변이론을 적용한다고 하면 다음과 같은 절차를 밟게 된다.

① 행위자에 관한 정보를 근거로, 다른 사람들은 홍길동의 근무태도에 대해서 불평하지 않는데 주인만 그를 야단쳤다면 합의성(consensus)은 낮다고 판단한다. ② 맥락에 관한 정보를 근거로, 주인이 홍길동을 지난달도, 지난주도, 어저께도 야단을 쳤다면 여러 가지 다른 맥락에서도 같은 행동을 한 것이므로 일관성(consistency)이 높다고 할 수 있다. ③ 대상에 관한 정보를 근거로, 주인은 다른 종업원들에게도 야단을 쳤다고 하면 특이성(distinctiveness)은 낮다고 판단된다. 이와 같이 합의성은 낮고, 일관성은 높고, 특이성이 낮은 행동은 행위자인 주인의 성향에 그 원인이 있

다고 할 수 있다.

한편, ① 행위자에 관한 정보를 근거로, 다른 사람들도 모두 홍길동의 근무태도에 대해 불평을 한다면 그를 야단친 주인의 행동은 합의성 (consensus)이 높은 것이다. ② 맥락에 관한 정보를 근거로, 주인이 홍길동을 지난달도, 지난주도, 어저께도 야단을 쳤다면 여러 가지 다른 맥락에서도 같은 행동을 한 것이므로 일관성(consistency)이 높다고 할 수 있다. ③ 대상에 관한 정보를 근거로, 주인이 다른 종업원에게는 야단을 치지 않고 홍길동에게만 야단을 쳤다고 하면 특이성(distinctiveness)은 높다고 할 수 있다. 이와 같이 합의성이 높고, 일관성도 높고, 특이성도 높은 행동은 행위의 대상인 홍길동에게 그 원인이 있다고 보아야 한다.

그러나 ① 다른 사람들은 홍길동을 야단치지 않고(낮은 합의성), ② 주인도 평소에는 그를 야단친 적이 없고(낮은 일관성), ③ 주인은 다른 종업원도 평소에 야단치는 일이 거의 없다면(높은 특이성), 야단친 행동은 행위자(주인)나 대상(홍길동)에게 그 원인이 있다기보다는, 야단치는 행동이 나타난 맥락에 그 원인이 있다고 추론해야 한다. 요컨대, 앞에서 언급한 세 가지 잠재적 원인 중, 각 원인에 귀인하는 조건을 요약하면 다음과 같다.

◇ 합의성이 낮고, 일관성이 높고, 특이성이 낮으면, 행위자(주인)에게 귀인하고,
◇ 합의성이 높고, 일관성도 높고, 특이성도 높으면, 대상(홍길동)에게

귀인하고,

◇ 합의성이 낮고, 일관성이 낮고, 특이성이 높으면, 행위자나 대상보다는 행위가 발생한 맥락에 귀인한다.

6.3 성공과 실패의 귀인

특정 행동뿐만 아니라, 성공과 실패의 원인을 규명하는 것도 중요시되는 경우가 있다. 축구 코치나 선출된 공무원 그리고 학생들처럼 업적이나 학업성취도 평가에 따라 사회적 상향이동이 결정되는 사람들에게는 성공과 실패의 귀인이 결정적으로 중요하다. 그러나 성공 혹은 실패의 원인은 여러 가지로 설명될 수 있기 때문에 그 원인을 정확하게 규명하는 일은 결코 쉬운 일이 아니다.

예컨대, 어떤 시험에 합격한 학생의 경우, 성공의 원인을 자신의 지적 능력 때문이라고 생각할 수도 있고, 남달리 많은 노력을 했기 때문이라고 생각할 수도 있고, 시험이 쉬웠기 때문이라거나, 혹은 자기가 공부한 책에서만 출제될 정도로 운이 좋았기 때문이라고 생각할 수도 있다. 능력(ability), 노력(effort), 과제 난이도(task difficulty), 행운(luck) 등 네 가지 요인이 현실적으로 귀인에 광범위하게 적용되고 있다.

그러나 이들 중 과연 어떤 요인이 성공과 실패의 진정한 이유인가를 판단하기 위해서는 우선 두 가지 사항을 고려해야 한다. 첫째로, 나타난 결과가 개인적 요인 때문인지 아니면 환경적 요인 때문인지를 결정해야 하고, 둘째로, 나타난 결과의 안정성 정도, 다시 말해서 원인이 불변적인 것인지 아니면 가변적인 것인지를 결정해야 한다. 요컨대, 내재성(internality)과 외재성(externality), 안정성(stability)과 불안정성(unstability)에 관한 판단이 이루어진 후에, 비로소 성공과 실패의 원인을 합리적으로 추론할 수 있는 것이다.

성공과 실패의 지각된 원인

안정성 유무	통제의 소재	
	내재성	외재성
안정적	능력	과제난이도
불안정	노력	행(불)운

이상의 네 가지 요인들은 내재성-외재성, 안정성-불안정성에 따라 범주화될 수 있다. 예컨대, 능력(ability)은 일반적으로 내재적이고 안정성 있는 요소이다. 능력이나 적성 같은 것은 환경적 특성이 아니라 개인적 특성이고, 순간적으로 달라지는 것이 아니라 비교적 안정된 특성이기 때문이다. 노력(effort)은 개인이 얼마나 열성껏 하느냐에 따라 달라지는 개인적 요인이기 때문에 내재적이고 불안정하다. 과제 난이도(task difficulty)는 과제의 객관적 특성이므로, 외재적이고 안정성 있는 요인이다. 행운(luck)은 개인 외적 요인이며 동시에 불안정한 요인이라고 보아야 한다.

① 내재성-외재성(internality-externality)

성공이나 실패의 원인을 성향에 귀인할 것인지 아니면 상황에 귀인할 것인지를 결정하기 위해서는 행위자의 성과를 타자의 성과와 비교해 보아야 한다. 극단적으로 높거나 낮은 성과(extreme performance)는 행위자의 내면적 성향에 귀인하는 경향이 있다. 극단적으로 높은 성과는 행위자의 탁월한 능력과 열성적인 동기 때문이고, 아주 저조한 성과는 행위자의 무능과 무성의함 때문이라고 판단한다. 그러나 일반적으로 평범한 성과(average performance)는 운이 없었거나 경쟁이 너무 치열했기 때문이라고 판단하는 상황적 요인에 귀인하는 경향이 있다.

② 안정성-불안정성((stability-unstability)

성공이나 실패의 원인을 안정된 원인에 귀인할 것인지 아니면 불안정한 원인에 귀인할 것인지를 결정하기 위해서는 행위자의 성과가 얼마나 일관성이 있는가를 검토해 보아야 한다. 일관성이 높을 경우에는 안정된 원인에 귀인한다. 그래서 어떤 학생이 학기마다 수석을 한다고 하면, 이러한 성과는 그의 탁월한 능력(ability)에 그 원인이 있고, 아마도 경쟁자들의 수준이 그의 능력에 못 미치기 때문(task difficulty)이라고 할 수 있다. 그러나 일관성이 매우 낮을 경우에는 불안정한 원인에 귀인한다. 가령 어떤 학생의 성적에 변화가 심할 경우에는 동기수준에 기복이 심했기 때문(effort)이고, 아마도 어떤 때는 공부한 부분에서만 나오고 어떤 때는 공부 안한 부분에서만 문제가 나오는 우발적 요인(luck)에 귀인하게 된다.

③ 귀인의 결과(consequences of attribution)

우리가 뜻한 일에 성공하거나 특히 실패한 후 그 원인을 귀인하는 방식에 따라 앞날에 대한 기대와 포부수준도 결정적 영향을 받는다. 첫째로, 중요한 전공과목의 시험성적이 저조한 이유를 능력(ability)의 부족 때문이라고 귀인하면, 능력은 바꾸기 어려운 선천적 소여라고 생각되는 경향이 있기 때문에, 앞으로 학업에 성공할 가능성에 대하여 매우 회의적일 것이고 따라서 공부를 포기할 가능성이 높아진다. 둘째로, 성적이 저조한 이유를 노력(effort) 부족 때문이라고 귀인하면, 자책감을 느끼고 앞으로 더 좋은 성과를 올리기 위해 열심히 하려고 노력할 것이다. 셋째로, 성적이 저조한 이유를 너무 어렵게 출제되었기 때문(task difficulty)이라고 생각하면, 이는 내가 통제할 수 없는 요인이기 때문에 자포자기할 가능성이 높다. 끝으로, 운(luck)이 없어서 실패했다고 생각하면, 매우 당황해 하면서도 내가 통제할 수 없는 요인이기 때문에 학습습관을 바꿀 생각은 하지 않으나, 그럼에도 불구하고 운명의 여신은 변덕스럽기 때문에 앞으로 운이 닿아 좋은 점수를 받게 되기를 은근히 기대한다.

6.4 귀인의 오류

이상에서 개관한 것처럼, 우리는 소박한 심리학에 의존하여 행위자와 환경을 관찰하고, 정보를 수집하고, 타인에 대한 나름의 인상을 형성하고, 행동의 원인을 합리적으로 추론하려고 한다. 그럼에도 불구하고 일상적으로 우리는 근거 없는 편견과 선입관에 사로잡히기도 하고 해석과 판단의 오류를 범하는 경우도 있기 때문에 귀인에 신중을 기해야 한다.

① 주의 집중의 편견

이는 우리가 주의를 현저하게 집중하는 사건이나 사람의 영향을 과대 평가하는 편견이기 때문에 주의 집중의 편견이라고도 하고, 현저성 편견 (salience bias)이라고도 한다. 이러한 편견이 나타나는 사실을 실험적으로 입증한 어떤 연구(Tylor & Fiske, 1978)에서 연구자들은 2명의 화자(speaker 1 & speaker 2)가 대화하는 것을 지켜 본 6명의 방청객에게 어느 쪽이 대화를 주도하고 영향력을 더 행사했는가를 물어보았다.

그 결과 방청객 A와 B는 그들과 마주 앉은 화자 2가, 방청객 C와 D는

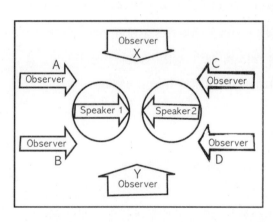

맞은 편의 화자 1이 대화를 주도하고 보다 강력한 영향력을 행사했다고 생각하였고, 양쪽 화자를 거의 동등하게 볼 수 있는 측면의 방청객 X와 Y는 2명의 화자가 거의 동등한 영향력을 행사하였다고 응답하였다.

이 연구의 시사점은 우리가 일반적으로 우리의 주의를 사로잡는 자극

을 보다 영향력 있는 것으로 평가하는 인지적 편견을 가지고 있다는 것이다. 따라서 새로운 상품을 선전할 때 현란하고 생동감 있고 선정적인 자극을 과감하게 활용하는 공격적 마케팅 전략을 구사하는 것도 시청자들의 주의를 사로잡기(capturing our attention) 위한 하나의 방법이라고 볼 수 있다. 그래서 집단적 면접이나 토론이 진행되는 상황에서도 평가자의 주의를 사로잡기 위해 참여자들 상호간에 의식적 혹은 무의식적 수준의 경쟁이 전개되는 것이다.

② 지나친 성향귀인(overattributing to dispositions)

이는 내면적 성향 요인의 중요성은 과대평가하면서 상황적 조건의 영향을 과소평가하는 경향을 뜻한다. 예컨대, 특권층 자녀들의 성공은 전적으로 그들의 유능한 성향에 귀인하고, 소외계층 자녀들의 실패를 전적으로 개인적 무능에 그 원인이 있다고 판단한다고 하면, 이는 지나칠 정도로 편향된 성향귀인이다. 기본적 귀인 오류에 속하는 이러한 지나친 성향귀인은 관찰자가 감산규칙을 적용하지 못했기 때문에 발생한 오류이다.

③ 행위자-관찰자 차이(actor-observer difference)

관찰자는 행위자의 행동을 상황보다는 성향에 귀인하고, 행위자는 자신의 행동을 성향보다는 상황에 귀인하는 경향이 있다. 다시 말해서, 타인의 실수는 경솔하고 부주의한 성격 탓이고, 자신이 실수하면 상황을 탓하는 것이 일반적 관행이라는 것이다. 이러한 귀인 오류를 행위자와 관찰자의 차이라고 한다. 귀인에 있어서 행위자와 관찰자 사이에 차이가 나타나는 이유는 시각적 관점과 가용 정보에 있어서 행위자와 관찰자가 다르기 때문이다.

첫째로, 행위자는 행위와 관련된 상황적 조건에 주의를 집중하는데 비하여, 관찰자는 타인의 행위는 관찰하면서도 그가 처한 상황적 여건을 간과하기 쉽기 때문에 행위자와 관찰자는 시각적 관점(visual perspective)이 다르다. 말하자면, 행위자는 상황에 주의를 집중하고, 관찰자는 행위자의 행위에만 주의를 집중한다는 점에서, 우리는 우리의 주의가 집중되는 요인에 귀인하는 경향이 있다는 것이다.

둘째로, 행위자와 관찰자는 가용 정보(available information)에 차이가 있다. 행위자는 자신의 과거 행동에 대한 정보를 가지고 있기 때문에, 자신이 다른 상황에서는 다르게 행동했다는 것을 알고 있고, 그래서 이번에도 상황이 달랐더라면 다르게 행동했을 것이라고 생각하나, 관찰자는 타인의 이전 행동에 대한 정보가 거의 없기 때문에 예나 지금이나 같은 방식으로 행동한다고 생각하고, 그래서 행동의 원인을 성향의 문제라고 보기 쉽다는 것이다.

④ 동기에 기인된 편견(motivational biases)

이상의 오류들은 모두 인지적 요인(cognitive factors)에 기인된 귀인 오류들이다. 그러나 가끔 우리는 합리적으로는 그 이유를 타당하게 추론할 수 있으면서도, 경직된 고정관념을 획일적으로 적용하려는 욕망, 뿌리 깊은 신념을 방어하려는 욕망, 자존심을 유지하려는 욕망, 타인의 인기에 영합하려는 욕망 같은 동기적 요인들(motivational factors) 때문에 귀인에 있어서 오류를 범하는 경우도 없지 않다. 가령 어떤 여성 장관이 까다로운 정책상의 문제로 기자회견을 하던 중 울음을 터뜨렸을 경우에, 여성에 대한 고정관념(stereotype)을 가진 사람들은, 이를 그녀의 정서적 불안정성에 귀인하고, 기자들의 날카로운 질문들을 능숙하게 방어하면 남자 차관의 유능한 보좌 때문이라고 추론하는 경향이 있다. '눈물은 여성의 무기'라는 통속적 속담도 이러한 편견에 속한다.

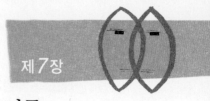

제7장

태도이론

    사회심리학자들은 태도(attitude)를 다양한 방식으로 정의해왔다. 올포트(Allport)는 태도를 어떤 대상에 대한 반응에 영향을 미치는 마음의 의향(mental readiness)이고 이는 주로 경험을 통해 구성된 것이라고 정의하였고, 하딩(Harding)은 보다 분석적 안목에서 태도를 어떤 대상에 대한 행위자 내면의 정의적 요소, 인지적 요소, 행동적 요소로 구성된 개념이라고 본다. 이 두 정의는 모두 어떤 태도대상에 대한 구체적 행동에 영향을 미치는 정신적 의향을 태도라고 정의한다는 점에서, 표현 방식은 다르게 보이나 그 내용은 같다. 차이점이 있다고 하면, 올포트가 마음의 의향이라고 한 것을 하딩은 인지적, 정의적, 행동적 요소로 세분한 것이다.

7.1 태도의 개념과 형성

① 태도의 개념적 정의

가령 "그는 피자(pizza)를 좋아 한다"는 태도 표현이 있다고 하면, 이 표현에는 피자라는 구체적 태도대상(attitude object)에 대한 정의적 요소와 인지적 요소 및 행동적 요소가 내포되어 있다는 것이다. 대상에 대한 그의 반응은 첫째로, 피자를 좋아하는 감정을 포함하기 때문에 정의적이고, 둘째로, 피자의 칼로리가 높고 쫀득쫀득한 것을 알고 있다는 점에서 인지적이며, 셋째로, 돈만 있으면 피자집에 갈 경향을 다분히 내포하고 있기 때문에 행동적 요소가 포함된다는 것이다.

요컨대, 태도 개념은 구체적 태도대상을 좋아하거나 싫어하는 정의적 요소(affective component), 태도 대상에 대하여 개인이 가지고 있는 어떤 지식에 근거한 신념과 의견 같은 인지적 요소(cognitive component) 및 태도 대상에 대하여 어떤 방식으로 행동하게 될 경향을 나타내는 행동적 요소(conative component) 등 세 가지 요소로 구성되어 있다.

그러나 인지적 요소를 지칭하는 '지식에 근거한 신념과 의견' 중에서, 지식은 인지적 차원이지만, 신념과 의견은 정의적 차원이기 때문에, 태도를 이루는 인지적 요소도 엄밀한 의미에서 보면 '인지적 요소에 근거한 정의적 요소'라 할 수 있다. 따라서 태도조사 같은 실제적 상황에서는, 인지적 요소, 정의적 요소, 행동적 요소를 모두 고려하지 않고, 태도는 정의적 요소와 행동적 요소로 구성된 것으로 상정하고, 어떤 태도대상에 대한 반응성향(predisposition to respond)이라고 정의한다.

② 태도의 형성

태도는 후천적으로 학습된다. "우리는 민족중흥의 역사적 사명을 띠고 이 땅에 태어났다"고 수없이 다짐해왔지만, 맑은 정신으로 다시 생각해 보면, 참으로 민족중흥의 역사적 사명을 띠고 이 땅에 태어난 사람이 몇이나 되겠는가? 그리고 극단적으로 잔인한 테러를 성전(Jihad)이라고 확신할 정도로 미국을 싫어하는 태도를 선천적으로 타고난 회교도는 아마 없을 것이다. 뿐만 아니라 김일성 장군을 펄쩍 펄쩍 뛸 정도로 좋아하는 태도를 선천적으로 타고난 북한 어린이도 그리 많지는 않을 것이다.

그러나 일반적으로는, 어떤 것을 좋아하거나 싫어하는 태도가 선천적으로 타고나는 것인가, 아니면 후천적으로 길러지는 것인가에 대한 합리적 해답을 이원적 대립의 패러다임에서는 찾아내기 어려울 것이다. 그래서 어떤 대상을 좋아하거나 싫어하는 우리의 태도는 선천적으로 타고난다기보다는 후천적으로 길러지고 학습되는 경향이 크다고 보는 것이 옳을 것이다. 결국, 특정 대상에 대한 우리의 태도는 사회적 학습의 과정 혹은 사회화의 과정에서 후천적으로 형성되는 경향이 크다고 보는 것이 편리할 것이다.

우리는 도구적 조건화(instrumental conditioning)를 통해서 어떤 대상에 대한 태도를 습득하기도 한다. 예컨대, 어떤 교과를 학습하는 과정에서 보상(rewards)을 경험하게 되면 그 교과에 대한 긍정적 태도가 형성될 수 있고, 어떤 일을 수행한 대가로 높은 보수가 주어지고, 그 일을 수행하는 과정에서 성취감도 만끽하고, 주위에서 칭찬을 듣게 되면 그 일에 대한 매우 긍정적 태도가 형성될 것이다.

그러나 실제로는 직접적 경험을 통해서 습득하지 않는 태도도 상당히 많다. 우리는 대면적 상호작용의 경험이 전혀 없는 정치가나 인종, 직접적 경험이 없는 어떤 역사적 사건에 대한 태도도 사회화의 과정에서 형성된다. 특정 정치가나 인종 혹은 역사적 사건에 대한 어린 아이의 태도는 부모나 친구 같은 의미 있는 타자(significant others)가 견지하는 태도와 유사한 경우가 많다. 이러한 태도형성 과정은 역시 도구적 조건화를 포함하는 것이다. 아이들이 같은 태도를 보일 때 보상(rewards)이 주어지기 때문이다.

오늘날은 텔레비전이나 영화 같은 미디어가 태도 형성에 결정적 역할을 마친다. 미디어를 통한 태도 형성의 메커니즘은 관찰학습(observational learning) 혹은 모델링(modeling)의 학습원리에 근거한 것이다. 이는 반두라(Bandura)가 실험적으로 확인한 것처럼, 학습이 항상 직접경험을 통해서, 그리고 강화를 통해서만 이루어지는 것이 아니라, 다른 사람의 행동을 관찰하는 것만으로도 이루어지는 현상을 뜻한다. 폭력행사나 불우이웃 돕기 같은 비행과 선행에 관한 텔레비전 뉴스를 관찰하는 것만으로도 비행과 선행에 관한 학습이 형성되기 때문에, 미디어가 제공하는 프로그램은 시청자들의 태도에 간과할 수 없는 영향을 미친다.

7.2 태도의 측정과 조사

① 유사동간척도

정책 입안을 위해서나, 새로운 상품을 선전하기 위해서, 혹은 유권자들의 성향을 확인하기 위해서는 현실적으로 특정 사안에 관하여 많은 사람들의 태도를 한꺼번에 조사해서 현황을 파악해야 할 필요가 있다. 그래서 사회심리학자들은 태도척도의 개발에 깊은 관심이 있다. 그러나 태도나 신념 혹은 가치관 같은 내면적이고 관념적인 구성개념을 수량적으로 측정하려고 할 때는 세심한 주의가 필요하다. 유사동간척도 (equal-appearing interval)는 서스톤(Thurstone)이 고안했기 때문에 서스톤 척도(Thurstone scale)라고도 한다. 서스톤은 전쟁에 관한 태도를 사례로 해서 태도측정에 이용할 수 있는 척도를 여러 단계를 거쳐 제작하였다.

(1) 전쟁에 대한 여러 사람들의 의견을 자유반응식으로 진술하게 하여 약 200개 이상의 진술문을 수집한다. 선택된 진술문 중 세 가지 사례를 제시하면 다음과 같다.

1. 전쟁은 소름끼칠 정도로 충격적인 혼란상이다.
   (War is ghastly mess.)
2. 방어적 목적의 전쟁은 정당화되나, 그 이외의 전쟁은 정당화될

수 없다.

(Defensive war is justified but other wars are not.)

3. 전쟁이 없다면 문명의 진보도 없다.

(There can be no progress without war.)

(2) 심리학에 관한 전문적 소양을 갖춘 50명 이상의 판단자를 대상으로 해서 선택된 진술문이 나타내는 전쟁에 관한 태도를 아래와 같은 연속체에 근거하여, 11단계의 범주로 평정하도록 한다. 평정단계를 11단계로 하는 것은 Thurstone의 전통을 따르는 관행이고, 필요에 따라서는 5단계나 7단계를 사용할 수도 있다.

(3) 여기서 판단자들은 자신의 태도를 표시하는 것이 아니라, 객관적인 입장에서 각 진술문이 11단계의 어느 단계에 해당하는지를 판단해야 한다. 각 진술문을 단계별로 빈도분포를 만들고, 이를 기초로 중위수(Mdn)와 4분편차(Q)를 계산한다. 중위수가 각 진술문의 척도치(scale value)가 되고, 4분편차는 그 진술문의 변산도라 할 수 있기 때문에 각 진술문의 신뢰도를 나타낸다. 변산이 크다는 것은 여러 판단자가 그 진술문을 다의적으로 해석한 것을 뜻한다. 같은 척도치를 갖는 진술문이라면 Q값이 적은 것이 모호성이 낮다고 볼 수 있기 때문에 변산도가 높은 진술문은 제

외한다.

(4) 신뢰도가 낮은 진술문부터 제거하는 방식으로, 약 20여개의 진술문을 선택하고, 최종적으로 선택된 20여개의 진술문에 대하여 여러 판단자들이 부여한 가중치들의 중위수를 그 진술문의 척도치로 한다. 이러한 절차를 거쳐 11단계의 각 범주에 20여개의 진술문이 등간격으로 고르게 분포되도록 하여 태도측정 척도를 만든다.

요컨대, 서스톤식 태도척도는 전문가들 사이에 척도치에 대한 합의의 폭이 높은 진술문을 선택하고, 척도치들이 11단계의 범주에 거의 같은 간격으로 분포될 수 있도록 진술문을 선택하는 것이 그 특징이다. 어떤 태도대상에 대한 어떤 사람의 태도를 알아보기 위해 유사동간척도를 사용하려고 하면, 동의하는 문항에 (∨)표시만 하면 된다.

② 총합평정법

이 태도척도는 1932년에 리케르트(Likert)가 제작한 것이기 때문에 리케르트 척도(Likert Scale)라고 부르나, 버드(Bird)가 이 방법을 총합평정법이라고 명명한 이후에는 리케르트 척도를 총합평정법이라고도 한다. 총합평정법(summated rating scale) 혹은 리케르트 척도는 일반적으로 약 20개의 진술문으로 구성되는 것이 관례이다. 응답자는 각 진술문에 대하여 찬성 혹은 불찬성을 표시하도록 되어있고, 각 진술문에 대한 찬반의 정도를 (1) 대단히 찬성한다, (2) 찬성한다, (3) 잘 모르겠다, (4) 반대한다, (5)

대단히 반대한다와 같이 5개의 범주로 나누는 것이 보통이다. 개인의 태도점수를 알기 위해서는 각 진술문의 5개의 범주에 대하여 그가 반응한 점수를 모두 합하기 때문에 총합평정법이라고도 부르고 5단 평정법이라고도 한다.

이 방법에 따른 태도척도의 제작과정이 서스톤 척도와 다른 점은 수집된 여러 종류의 진술문을 판단자들에게 평정하게 하지 않고, 바로 약 200명 정도의 응답자 집단에 제시하여 찬성과 반대의 정도를 위와 같이 5가지 범주로 나타내도록 한다. 이렇게 해서 얻은 결과를 각 범주에 대한 백분율(P), 누가 백분율(CP), 누가 백분율의 중위수, 정상분포를 상정한 표준점수(Z-score) 등을 단계적으로 산출하여, 이를 근거로 각 범주의 가중치를 결정하는 것이 원칙이다. 그러나 리케르트 자신이 수행한 연구 결과에 따르면, 정상분포편차에 의거한 가중치(normal deviate system of weights)와 단순한 정수(整數)의 배정에 의한 가중치의 결과 사이에 매우 높은 상관관계(r=.99)가 있는 것으로 밝혀졌기 때문에, 서스톤 척도의 제작과정처럼, 복잡한 계산과정을 거칠 필요 없이, '대단히 찬성한다', '찬성한다', '잘 모르겠다', '반대한다', '대단히 반대한다'에 각기 1, 2, 3, 4, 5의 가중치를 부여하는 것이 관행이다.

요컨대, 리케르트 척도는 간편하고 능률적이기 때문에 가장 많이 사용되고 있는 태도척도이다. 다시 말해서, 각 진술문을 별도의 판단자들이 평정하도록 하는 서스톤 척도와 달리, 리케르트 척도는 실제 응답자들의 반응결과를 토대로 척도치를 결정하는 것이 특징이다. 이렇게 해서 만들어진 척도를 가지고, 개인의 태도를 측정할 때에는 각 문항에 그가 표시한 범주의 가중치를 합하기만 하면 된다. 이와 같이 간편한 통계적 조작이 정당화되기 위해서는 우선 무엇보다도 진술문 제작과정에서 다음과 같은 사항에 유의해야 한다.

첫째로, 태도는 여러 가지 요소로 이루어진 복합적 구성개념(complex construct)이기 때문에, 응답자가 어떤 요소에 대해서는 찬성하고 어떤 요소에 대해서는 반대할 수도 있다. 따라서 포괄적 질문을 피하도록 유의해야 한다. 예컨대, "당신은 자신의 직장에 만족하십니까?"라고 묻기보다는, 물질적 보상에 대하여 만족하는가, 정신적 보상에 대해 만족하는가, 직장의 지시대로 따르고 싶은가, 그 직장에 들어가기를 어느 정도로 희망했는가 등으로 세분화하는 것이 바람직할 것이다.

둘째로, '잘 모르겠다'의 사용에 신중해야 한다. 조사에 응답할 사람들 중에서 태도대상에 대한 지식이 거의 없는 사람이 있을 수 있다고 판단되면, '잘 모르겠다'를 선택항으로 사용하는 것이 적절하다. 그러나 '잘 모르겠다'는 것이 '중립'과 같지 않고 따라서 찬성 혹은 반대의 정도를 나타내는 것이 아니기 때문에, 경우에 따라서는 '잘 모르겠다'보다는 '중립'을 사용해야 한다.

셋째로, 태도척도에서 모든 진술문을 찬성(favorable) 혹은 반대(unfavorable)로 획일화하지 않도록 유의해야 한다. 어떤 태도대상에 관한 모든 진술문이 찬성으로 일관되면, 이 태도대상에 대하여 매우 긍정적 태도를 가진 응답자이거나, 아주 바쁜 응답자들은 앞부분의 서너 진술문만 읽어본 후, 나머지는 자세히 읽어보지도 않고 "매우 찬성한다"에 체크할 가능성이 있다. 이러한 후광효과(halo effect)는 태도조사에 치명적 오류를 파생시킬 수 있다.

7.3 태도의 변화

인간은 자신의 태도와 행동 사이에 일관성을 유지하려는 경향이 높다. 비록 인간의 태도와 행동이 반드시 일치하지는 않는다고 해도 태도와 행동 사이에 일관성을 유지하려는 경향이 높다고 주장하는 학자들도 많다. 태도가 사회심리학에서 중요한 위치를 차지하는 이유는 무엇보다도 태도가 행동의 원인이라고 생각하기 때문이다. 사회심리학에서 태도의 변화에 관한 이론적 기초는 인지에 관한 일관성 이론(consistency theory)이다. 일관성 이론은 마치 우리 몸의 생리적 현상이 항상성(homeostasis)을 유지하려는 탄력적 메커니즘을 체현한 것처럼, 우리의 마음도 인지 요소들 사이에 일관성을 유지하려고 하는 심리적 메커니즘을 가지고 있기 때문에, 이들 사이에 불일치가 발생하여 심리적 긴장이 높아지면 일관성을 회복하려는 탄력적 경향이 나타난다는 것이다. 인간인지의 이러한 경향은, 인지이론에서 언급한 것처럼, 프래그난츠(pragnanz) 원리와 같은 것이다.

① 하이더의 균형이론

하이더(Heider)의 균형이론은 인지의 일관성 이론을 태도변화에 도입한 이론이다. 첫 번째 일관성 이론인 하이더의 균형이론(balance theory)에 따르면, 인간은 인지요인들 상호간에 일관성 혹은 균형을 유지하려는 경향이 있고, 만약 인지요인들 사이에 균형이 파괴되면 심리적 긴장이 야기되기 때문에, 불균형을 극복하기 위해 태도 변화가 나타난다는 것이다.

하이더는 균형을 유지하려는 심리적 원리를 특정인(P)과 타인(O)이 어떤 태도대상(X)에 대해서 가지는 인지와의 관계를 아래의 그림과 같이 균형상태와 불균형상태로 나누어 설명하고 있다. 따라서 하이더의 균형이론은 세 가지 인지요소들(three cognitions) 사이의 관계를 다루는 이론이다.

균형상태

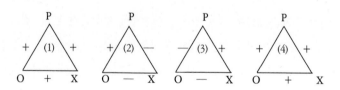

균형을 이루는 경우는, P가 O를 좋아하고 O와 P가 모두 X를 좋아하는 경우(1), P가 O를 좋아하고 O와 P가 모두 X를 싫어하는 경우(2), P와 O는 싫어하는 사이인데 P는 X를 좋아하고 O는 X를 싫어하든가(3), 그 반대의 경우(4)이고, 이러한 경우에는 P의 태도는 균형상태에 있다는 것이다.

불균형상태

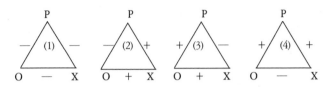

반면에, P가 O를 싫어하는데, 이 두 사람이 다같이 X를 싫어하든지(1), P가 O를 싫어하는데 이 두 사람이 다같이 X를 좋아하든지(2), P가 O를 좋아하는데 P는 X를 싫어하고 O는 X를 좋아하든가(3), 그 반대의 경우(4) 이고, 이러한 경우에 P의 인지구조에 불균형상태가 야기되어 O나 X에 대한 태도에 변화가 생긴다는 것이다.

요컨대, 부정적 관계가 전혀 없거나, 셋 중 둘만 부정적 관계가 될 때, P의 인지구조는 균형을 이루고, 셋 모두 부정적 관계이거나 셋 중 하나만 부정적 관계가 될 때, P의 인지구조는 불균형상태가 된다. 결국 균형 이론은 인간의 인지적 과정이 항상 균형을 유지하려는 경향이 있음을 전제하고 있다. 다시 말해서 불균형상태에 있는 인지구조는 균형을 되찾으려는 탄력적 메커니즘을 체현하고 있다는 것이다.

② 페스팅거의 인지부조화 이론

페스팅거(Festinger)가 제시한 인지부조화 이론(theory of cognitive dissonance) 도 또 하나의 주요 일관성 이론이다. 인지부조화 이론은 인지적 요소들 사이에 부조화가 나타나면 심리적 불안정을 야기하기 때문에, 안정을 되찾기 위해 부조화를 극복하고 조화를 이루는 방향으로 태도 변화가 일어난다는 이론이다. 여기서 페스팅거가 부조화라고 하는 것은 불균형 혹은 일관성 없음과 같은 뜻이기 때문에, '부조화'를 극복하고 '조화' 혹은 일관성을 찾기 위한 태도변화를 다루는 그의 이론도 일관성 이론에 근거한 것이다. 페스팅거가 부조화 혹은 조화라고 하는 것은 논리적 차원의 문제가 아니라 심리적 일관성의 문제이다.

부조화를 피하려는 욕구(the need to avoid dissonance)는 굶주림을 면하고 싶은 욕구나 안전을 추구하는 욕구 같은 것과 마찬가지로 인간의 가장 기본적 욕구라는 것이 페스팅거의 기본상정이다. 그는 이를 회피 충동(aversive drive)이라고 본다. 그래서 일반적으로 우리는 우리의 기존 신념과 일관된 의견을 듣고, 일관된 자료를 선택해서 읽을 뿐만 아니라, 우리를 좋아하는 사람과 함께 하려는 경향이 있다. 부조화를 증가시키는 정보를 회피하고 조화를 유지 존속시키는 정보만 수용하는, 다시 말해서, 우리가 '선택적 노출'(selective exposure)을 통해 부조화(dissonance)를 예방하려고 하는 일상적 경향도 바로 이러한 회피 충동의 표현이다. 그래서 페스팅거는 우리가 부조화를 피하고 조화(consonance)를 추구하는 데 활용하는 두 가지 종류의 인지적 메커니즘을 가설적으로 상정하고 이를 실험적으로 확인하였다.

첫째로, '결정 후 부조화'(post-decision dissonance)를 극복하는 메커니즘이 있다는 것이다. 어떤 선택이나 결정을 내릴 때마다, 그 결정과 조화를 이루는 인지(태도, 신념, 지식 같은 인지)가 있는 반면에, 그 결정과 부조화를 이루는 인지도 있다. 선택과 결정이 매우 중요한 것이고, 동등한 매력을 가진 선택대안을 놓고 망설인 시간이 길수록, 그리고 일단 선택한 후에 번복이 매우 어려운 경우에, 우리는 그 결정에 기인된 높은 부조화를 느끼게 된다. 부조화는 불쾌한 심리적 상태를 야기하기 때문에, 우리는 이를 제거하거나 감소시키기 위해 우리의 선택을 지지하는 정보만 입수하고 귀에 거슬리는 정보는 외면해버리는 경향이 있다.

페스팅거의 인지부조화 이론에 근거하여, 1970년에 도넬리와 이반체비치(Donnelly & Ivancevich)가 수행한 자동차 구입에 관한 연구는 결정 후 부조화에 기인된 태도변화의 대표적 사례라 할 수 있다. 지불능력은 1000만원밖에 없는 어떤 사람이 3000만원을 지불해야 할 자동차를 구매할 계약을 체결했다고 하면, 그는 결정 후 부조화 수준이 매우 높을 것이다. 구매결정 이후에 부조화를 해소하기 위해서는 자신의 결정을 강화하는 방안이 있을 수 있다. 새 자동차를 구매한 사람은 일반적으로 그 상품의 장점만을 홍보하는 광고를 읽음으로써 자신의 결정을 강화(post-purchase reinforcement)하는 정보를 입수함으로써 부조화를 감소시키는 것이다.

둘째로, '강요받은 순응'(forced compliance)에 기인된 부조화를 극복하는 메커니즘이 있다는 것이다. '강요받은 순응'이라고 하는 것은 어떤 사람이 자신의 신념이나 가치 혹은 태도에 역행하는 행동(counter-attitudinal behavior)을 수행할 때 나타나는 부조화를 뜻한다. 일반적으로 이러한 상황은 순응에 보상이 주어지거나, 아니면 순응하지 않을 경우에 처벌이 수반되는 경우라 할 수 있다. 만약, 하고 싶지 않은 일을 수행하는 대가로 상당한 양의 보상을 받는다면, 거의 보상을 받지 못할 경우보다 행위자가 느끼는 부조화의 정도가 다를 것이다.

「강요받은 순응의 인지적 결과」(Cognitive consequences of forced compliance)라는 표제의 논문에서, 페스팅거와 카알스미스(Festinger & Carlsmith)는 보상의 양과 부조화의 정도 및 태도변화의 정도에 관한 실험결과를 소개하였다. 심리학 실험에 참여한 대학생들에게 매우 지루하고 흥미 없는 과제를 수행하도록 한 후에, 이 학생들 다음으로 실험에 참여할 학생들에게 "이 실험은 매우 즐겁고 흥미 있다"고 거짓 선전을 하는 대가로 한 집단에게는 2만원씩(높은 보상)을 주고, 다른 한 집단에게는 2천원씩(낮은 보상)을 제공하였다. 실험에 참여한 학생들의 관점에서 보면, 매우 지루한 과제(boring tasks)를 즐겁고 흥미 있는 과제(exciting tasks)라고 선전하는 행동은 분명 태도에 역행하는 행동(counter-attitudinal behavior)이고, 그래서 강요받은 순응이다. 강요받은 순응행동에 대한 낮은 보상을 '최소 정당화'라고도 한다.

이 실험의 결과, 강요받은 순응에 수반된 외적 보상이 낮은 집단보다는 높은 집단 구성원들이 느끼는 부조화의 정도가 낮은 것으로 나타났다. 따라서 순응 행동을 유도하려면 높은 보상이 필요하다고 할 수 있고, 이는 우리가 싫어함에도 불구하고 높은 보수의 직장에 안주하는 경향에 대한 설득력 있는 해명이 된다. 반면에, 강요받은 순응 행동에 수반된 외적 보상이 낮은 집단 구성원들은 보다 높은 수준의 인지부조화를 경험하기 때문에, 거짓 선전에 대한 태도변화가 의의 있게 높은 것으로 나타났다. 요컨대, 페스팅거에 따르면, 강요받은 순응에 대한 최소 정당화(minimal justification)가 태도변화를 촉진한다는 것이다.

제8장

집단과 집단역동

우리는 태어나면서부터 가족집단의 일원으로 성장해간다. 성장함에 따라 비슷한 연령의 또래집단과 초중등학교의 학교집단 속에서 점진적으로 사회화되고 문화화 된다. 성인이 된 후에도 가족집단과 동료집단은 물론 직장생활과 여러 가지 사회생활의 과정에서 다양한 집단의 일원으로 소속되기 때문에 인간의 삶은 집단생활의 연속이라고 해도 지나친 표현이 아니다. 그러나 집단(group) 혹은 사회집단(social group)이 무엇인가에 대해 명쾌한 정의를 내리기는 쉬운 일이 아니다. 그래서 우선 집단과 유사한 의미로 통용되는 용어들의 개념적 차이부터 알아보기로 한다.

8.1 집단의 정의

가령 지하철을 타기 위해 모여 있는 사람들이, 마치 해변의 모래알처럼 그냥 모여 선 인간의 무리일 수도 있고, 교외의 어느 양로원에 자원봉

사를 하기 위해 정기적으로 함께 다니는 사람들의 무리일 수도 있다. 우리는 전자를 집합체(collectivity), 후자를 집단 혹은 사회집단(social group)이라고 한다. 이와 같이 사회집단은 집합체와 다를 뿐만 아니라, 도시인, 대학생, 중년남자, 청소년 같은 사회적 범주(social category)와도 구별해야 한다.

우선, 집합체나 사회범주와 구분되는 의미의 집단이란 일정한 구성원이 있고, 어떤 목표와 규범 및 가치관을 공유하고, 정서적 유대감과 소속감을 공유하는 사람들이 비교적 지속적으로 상호작용하는 인간관계라 할 수 있다. 집단을 동태적 관점에서 분석하려고 하면, 일반적 수준이나마 분석의 틀이 필요하고, 오코너(O'Conner)와 스코트(Scott) 등이 제시한 투입 – 과정 – 산출모델(input-process-output model)이 유용한 분석틀이 될 수 있다.

투입—과정—산출 모델은 집단(group)을 환경 속의 다른 사회적 단위들과 상호작용하는 사회적 단위(social unit)로 파악한다. 모든 집단은 환경으로부터 구분되는 어떤 경계가 있다는 것이다. 어떤 사람은 그 집단의 구성원이고 어떤 사람은 아니라는 것을 분명히 제한한다는 점에서 집단경계(group boundaries)는 실질적이다. 비록 제한적이긴 하나, 그럼에도 불구하고, 집단의 경계는 환경으로부터 투입요인을 받아드리고, 산출요인을 환경으로 내보기도 하기 때문에, 투과성(permeable) 있는 경계라 할 수 있다.

집단이 환경으로부터 받아드리는 중요한 투입요인(inputs)은 구성원
(personnel), 물자(marerials), 재정(money), 정보(information) 등이 포함된다.
집단이 환경으로 내보내는 산출요인(output)은 구성원들이 창조한 다양한
산물이라 할 수 있다. 예컨대, 자동차 공장의 작업집단은 선적할 새로운
자동차를 조립하고, 법정에서는 특정 행위에 대한 유죄 여부를 판단한다.
병원의 외과 의료진 집단은 수술을 통해 환자의 생명을 연장시키는 것도
그 집단의 산출요인의 하나라 할 수 있다. 록 그룹은 관객을 즐겁게 하는
무대공연 뿐만 아니라 새로운 앨범을 산출하기도 한다.

산출요인의 질과 양은 최소한 부분적으로는 구성원들의 상호작용 과
정(process)에 의존할 것이다. 구성원들 상호간의 커뮤니케이션, 상호간의
영향, 집단의 목표설정, 지도자의 역할수행, 동조성, 합의도출, 신입 회원
의 훈련 같은 요인들이 중요한 집단 과정(group processes)이라고 할 수 있
다. 집단이 일단 다양한 산출을 생성하면, 환경으로부터 역할기대에 부
합된 정도와 그 목표달성도에 관한 피드백을 받게 될 것이다. 집단은 이
러한 피드백 정보의 분석에 근거하여 목표설정과 과정개선의 필요성 여
부에 대한 판단을 내리게 된다.

8.2 집단의 유형

위의 논의에서 드러난 것처럼, 집단은 특정 목적과 규범 및 가치관을
공유하는 사람들이 정서적 유대감과 소속감을 느끼면서 비교적 지속적
으로 상호작용하는 인간관계라 할 수 있다. 일반적으로 집단을 그 구성

원들이 공감하는 친밀성의 정도에 따라 일차집단과 이차집단으로, 심리적 애착의 유무에 따라 내집단과 외집단으로, 혹은 대면적 관계(face-to-face relation)의 유무를 기준으로 소집단과 대집단으로 구분하기도 한다.

① 일차집단과 이차집단

가족관계나 친밀한 친구관계처럼, 서로가 마음속의 모든 것을 숨김없이 표현하는 친밀성(intimacy)의 관계로 맺어진 인간관계를 일차적 집단 혹은 원초적 집단이라 하고, 학교나 기업체처럼, 특별한 친밀성 없이 어떤 목적을 달성하기 위한 도구적 동기로 협조하는 인간관계를 이차적 집단이라고 한다. 일찍이 쿨리(Cooley)는 구성원들 상호간의 관계가 표현적(expressive)이냐 아니면 도구적(instrumental)이냐를 기준으로 집단을 이와 같이 일차집단과 이차집단으로 구분하였다. 독일 사회학자 퇴니스(Tonnies)가 사회를 인간관계가 정의적 유대와 상호신뢰에 입각한 공동사회(Gemeinschaft)와 경쟁적이고 공리적인 이익사회(Gesellschaft)로 구분한 것도 이와 유사한 구분이다. 이스라엘 사회철학자 부버(Buber)도 인간관계를 두 가지 유형으로 범주화하였다. 하나는 타인을 존엄한 인격적 주체로 여기는 나와 당신(I-Thou)의 관계이고, 다른 하나는 타인을 목적 달성의 도구로 여기는 나와 그것(I-It)의 관계이다. 쿨리, 퇴니스, 부버의 집단구분은 형식은 다르지만 그 내용은 매우 유사하다.

② 내집단과 외집단

자신이 소속된 집단에 대하여 자부심과 심리적 애착(psychological attachment)을 느끼고 그 집단을 통해서 자기 정체감을 느끼는 집단을 내집단(in-group)이라 하고, 자신이 소속해 있지 않고, 그 집단에 대한 심리적 애착이 없을 뿐만 아니라 동일시의 대상으로 삼지 않는 집단을 외집단(out-group)이라 한다. 섬너(Sumner)는 내집단을 우리집단(we-group), 외집단을 그들 집단(they-group)이라고도 한다. 우리나라의 일상 언어 중에서, 아버지의 승용차를 우리 차라고 하거나, 자기 애인을 우리 애인이라고 할 때의 '우리'는 복수(plurality)를 지칭하는 것이 아니라 심리적 애착(psychological attachment)을 나타내는 것이고, '우리'가 아니라 '제 네들'이라고 하는 것은 심리적 소원(psychological detachment)을 나타내는 어법이라고 보아야 한다.

한편, 위대한 성직자가 되고 싶어 하는 사람은 성직자 집단 구성원들의 행동과 태도 및 가치관을 본받으려할 것이고, 앞으로 언젠가는 젊은 이들의 우상과도 같은 인기배우가 되고자 하는 사람은 배우들의 행동과 태도를 모방하려 할 것이다. 셰리프(Sherif) 같은 사회심리학자는 이와 같이 개인의 삶의 양식, 태도, 가치관을 규제하는 준거틀(frame of reference)을 제공하는 집단을 준거집단(reference group)이라고 한다. 요컨대, 심리적 애착을 느끼고 그래서 동일시의 대상으로 삼는 집단이면서, 현재 소속된 집단은 내집단이고, 현재 소속되지 않은 집단은 준거집단이다.

③ 소집단(small group)

소집단(small group)이라고 하는 것은 집단 구성원들이 정서적 유대와 소속감을 가지고 면접적 관계(face-to-face relation)를 유지할 수 있을 정도로 규모가 작은 집단을 뜻한다. 일반적으로는 약 20명 이내의 구성원으로 이루어진 집단을 소집단이라고 하나, 20명 이상의 규모라 하더라도 구성원들 사이에 면접적 상호작용이 가능하면 소집단이라고 본다.

이와 같이 면접적 관계로 형성된 소집단을 대상으로, 집단 응집도, 구성원 상호간의 커뮤니케이션 과정 및 구조, 구성원 개인의 사고와 행동에 미치는 집단의 영향, 그리고 집단의 과업수행 및 지도성 등을 연구하는 사회심리학의 한 분야를 특히 집단역동(group dynamics)이론이라고 한다.

원래, 제2차 세계대전 중 연합군의 사기앙양과 군사작전의 효율성을 높이기 위한 실용적 목적으로 소집단 연구가 본격적으로 추진되었다. 소집단 연구에서는 실험적 방법이 폭넓게 활용되어왔고, 이러한 실험연구 분야에 관한 한 레빈(Lewin)의 영향력이 지배적이다. 1939년에 리피트(Lippitt), 화이트(White)와 함께 레빈이 어린이 집단을 대상으로 지도성 유형에 관한 실험을 수행하였고, 그 이후 보다 정교한 일련의 실험적 연구들이 꾸준히 이루어졌다. 그래서 1951년에는 리이비트(Leavitt)가, 1952년에는 크리스티(Christie)와 루스(Luce) 및 매시(Macy)가 집단의 과제수행과 커뮤니케이션 구조 사이의 관계에 관한 실험적 연구를 수행하였다. 그 결과, 과제 특성에 따라서 그리고 커뮤니케이션 구조의 차이에 따라서 그 효율성에 의의 있는 차이가 나타난다는 사실을 확인하였다. 그 외에도 소집단에 관한 많은 연구들이 주로 미시간대학에 부설된 집단역동센터를 중심으로 활약한 레빈의 제자들에 의하여 다각적으로 수행되었다.

8.3 집단의 역동

① 사회성 측정법

자석이 금속을 끌어 당기듯, 집단 구성원 상호간에도 심리적 견인력 (psychological attraction) 혹은 심리적 반발력(psychological repulsion) 같은 것이 작용한다고 볼 수 있다. 이러한 심리적 견인 유형(pattern of attraction)을 경험적으로 측정하기 위한 최초의 시도가 모레노(Moreno)에 의하여 이루어졌다. 학급, 위원회, 동아리, 부락주민 등 집단 구성원 상호간의 심리적 견인과 반발을 측정하는 방법을 사회성 측정법(sociometry)이라고 한다.

****

(1) 당신의 생일 날, 단 한 사람만 집으로 초대한다고 하면, 이 학급에서는 누구를 초대하시겠습니까?

(2) 내일 오후에 분단을 조직하여 야외로 식물채집을 간다고 할 때, 같은 분단에 함께 소속되기를 바라는 친구들이 있으면, 그 이름을 있는 대로 모두 적어 주십시오. (선택할 친구의 수는 제한이 없습니다).

****

사회성을 측정하기 위해서, 관찰법, 면접법, 질문지 조사법 등 여러 가지 방법을 이용할 수 있으나, 초등학교 수준의 학급 집단의 사회성을 조사할 경우에는 일반적으로 간략한 자유반응식 질문지(questionnaire)를 사용하는 것이 관행이다. 예컨대, 초등학교 3학년 어떤 학급의 교우관계를 알아보려고 하면, 위에 예시된 것과 같은 질문지를 사용한다. 그리고 (1)에서 선택한 사람을 (2)에서 다시 선택해도 좋다는 것, 조사당일 결석한 사람도 포함해야 한다는 점, 선택은 그 학급에 속한 사람이어야 한다는 점도 분명히 알려주어야 한다.

② 사회성 측정 행렬표

이러한 질문지 조사결과를 토대로 우선, 사회성측정 행렬표(sociometric matrix)를 만든다. 학급의 학생수가 n명이면 n×n의 행렬을 얻을 수 있고 (여기서는 11명으로 구성된 집단을 가정함), 선택하는 행(行)을 (i), 선택받는 열(列)을 (j)라고 하면 아래와 같은 가상의 행렬(matrix)을 만들 수 있다.

행열표의 열(列)의 합계(∑j)는 개인이 선택을 받은 피선수로서, 이는 집단 내에서 개인의 사회적 수용도(social acceptance) 혹은 인기를 나타낸다. 피선수가 많을수록 사회적 수용도나 인기가 높다고 할 수 있다. 여기서 D는 공식적으로야 반장이든 아니든 실질적으로는 이 집단의 여론을 주도하는 숨은 지도자(hidden leader) 혹은 숨은 스타(hidden star)라고 보아야 한다.

j(列) ↓

	A	B	S	D	E	F	G	H	K	L	X	Σi	
A	1		2	.	2		2					4	no of choice
B	. 2		.	1			2					3	
S		2	1									2	
D		1	2				2					3	
E								1				1	
F		2	2				1					3	
G		2				2	1					3	
H	2		.	2	1						.	3	
K			1									1	
L	. 2		1		2	2					.	4	
X											.	0	

i(行) →

Σj . 2 . 5 2 6 1 4 3 3 . 1 0 0

no of chosen

행렬표의 행(行)의 합계(Σi)는 개인이 선택한 선택수로서, 이는 그 집단 구성원들과 우호적인 관계를 형성하려고 노력하는 정도를 나타낸다. 개인이 선택한 수를 군거지수(index of gregariousness)라고 한다. 그러나 선택수는 피선수와 함께 분석해야 그 의미가 드러난다. 예컨대, A와 L의 선택수는 같다. 그러나 A는 4명을 선택하고 2명으로부터 선택을 받았으나, L은 4명이나 선택을 하면서도, 단 한 명의 선택도 받지 못했기 때문에 L의 대인관계에는 시정되어야 할 문제가 있다고 보아야 한다.

③ 집단응집도

집단응집도(group cohesiveness)는 집단구성원들이 긴밀한 상호관계를 통해 결속된 정도를 뜻한다. 응집도가 높은 집단의 구성원들은 그 집단에 매력을 느끼고 그 집단에서 이탈하지 않으려하고, 집단에 대한 충성심(loyalty)과 단결심이 강하다. 따라서 응집도가 높은 집단은 낮은 집단보다 그 구성원들에게 더 많은 영향력을 행사할 수 있다. 개인 상호간이나, 집단 구성원들 상호간에도 심리적 견인력과 반발력이 작용한다고 상정할 수 있고, 실제로 모레노(Moreno)는 이러한 상정에 근거하여 집단 응집도를 계량적으로 산출하는 방법을 고안하였다.

위의 사회성 측정 행렬표에서 상호선택(MC) 수를 계산한다. 행렬표의 대각선을 기준으로 대칭 되는 위치에 있는 선택은 상호선택(mutual choice: MC)을 나타낸다. 집단응집도 지수는 사회성측정 행렬표에 나타난 상호선택의 수($\sum MC$)를 이론적으로 있을 수 있는 가능한 상호선택의 총수(nC_2)로 나누어서 다음과 같이 산출할 수 있다.

$$Co= \sum MC/nC_2 = 2\sum MC/n(n-1)$$

Co   : 집단응집도

n   : 집단구성원 수

$\sum MC$: 상호선택수

nC_2 : 가능한 상호선택의 총수

④ 집단의 목표수행도

집단의 응집도가 높으면 구성원의 사기(morale)가 높고, 구성원들의 관계도 상호간 호의적이며 협동적이기 때문에, 집단의 응집도와 목표달성도 사이에 상관관계가 있다고 볼 수도 있으나, Schachter의 연구나 Seashore의 연구결과를 보면, 응집도가 높은 집단이라고 해서 목표달성도 혹은 과제수행도가 항상 높은 것은 아니다. 집단의 목표달성도를 높이는 방향으로 구성원들을 유도하는 정적 유도(positive induction)가 지배적 분위기인 경우에는 집단응집도가 높은 집단이 낮은 집단보다 목표달성도가 높으나, 부적 유도(negative induction)가 작용되면 응집도가 높은 집단이 낮은 집단보다 목표달성도는 오히려 저조한 것으로 나타났다.

8.4 커뮤니케이션 유형

소집단의 구조를 구성원들 상호간의 커뮤니케이션 유형으로 파악하는 입장이 있다. 동아리도 분위기 좋게 잘 노는 동아리도 있고, 집단적 과제수행에 치중하는 동아리도 있다. 집단의 이러한 구조적 특성을 의사소통 유형(communication pattern)의 관점에서 파악하는 입장이 있고, 그 중에서도 베이브러스(Bavelas)의 커뮤니케이션 유형론이 유명하다. 베이브러스는 5인으로 구성된 집단에서 구성원간에 성립하는 커뮤니케이션 유형을 다음과 같은 네 가지의 이념형으로 구분하였다.

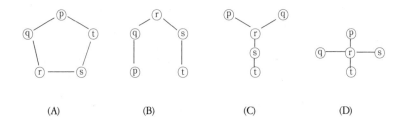

(A)   (B)   (C)   (D)

　(A), (B), (C), (D) 네 가지 집단의 구성원들에게 기호가 적힌 카드를 나누어주고, 다섯 사람이 가지고 있는 기호카드들 중에서 같은 기호가 적힌 카드를 찾아내게 하면서, 이 과제를 해결할 때, 선으로 직접 연결된 바로 옆 사람과만 의사소통을 하도록 제한하였다. 그러면 (A)형에서는 각 성원이 다른 두 사람과 직접 연락할 수 있고, (B)형에서는 q처럼 p와 r 두 사람에게 연락할 수 있는 사람과, p와 t처럼 단 한 사람에게만 연락할 수 있는 사람이 있다. (C)형에서는 r처럼 중심적 위치에 있는 사람이 있고, (D)형의 경우 다른 사람들은 r을 통하지 않고서는 연락을 할 수가 없는 구조를 이루고 있다.

　각 집단에서 구성원들이 다른 사람들에게 서로 연락할 수 있는 총 연결수를 계산하면 각 유형별 연락거리를 산출할 수 있다. (A)형을 예를 들어보면 p와 q의 연결수는 1, p와 t의 연결수도 1, p와 r의 연결수는 2, p와 s의 연결수도 2이고, 합계는 6이다. (A)형에서는 각 구성원들의 위치가 모두 동일하므로 이 집단의 연락거리는 6×5=30이 된다. 따라서 커뮤니케이션 유형별 연락 거리는 다음과 같다.

유형	구성원 별 연결수					연락거리
	p	q	r	s	t	
(A)	6	6	6	6	6	30
(B)	10	7	6	7	10	40
(C)	8	8	5	6	9	36
(D)	7	7	4	7	7	32

이상과 같은 연락 거리(distance)를 근거로 해서 구성원 개인이 그 집단에서 어느 정도로 중심적 역할을 수행하는가를 나타내는 중심도(centrality)를 산출할 수 있다. 중심도는 집단의 총 연락거리를 개인의 연결수로 나누어 얻을 수 있다.

$$개인의\ 중심도 = \frac{집단의\ 총\ 연락거리}{개인의\ 연결수}$$

가령 (A)형에서는 총 연락거리가 30이고, 연결수(number of communicative links)는 각기 6이기 때문에 각 성원의 중심도는 5로 동일하다. 한편 (C)형의 경우, 집단의 총연락거리는 36이고, 구성원 ⑫의 연결수는 8이므로 개인 ⑫의 중심도는 4.5가 되고, ⑨의 중심도도 4.5, ⑭의 중심도는 7.2, ⑯의 중심도는 6.0, 그리고 ⑯의 중심도는 4.0으로 가장 낮다. (D) 집단의 경우 구성원 개인의 중심도는 ⑫, ⑨, ⑯, ⑯가 모두 4.6으로 동일하고 ⑭은 8.0으로 가장 높다.

유형	구성원 별 연결수(중심도)					연락거리
	p	q	r	s	t	
(A)	6(5.0)	6(5.0)	6(5.0)	6(5.0)	6(5.0)	30
(B)	10(4.0)	7(5.7)	6(6.7)	7(5.7)	10(4.0)	40
(C)	8(4.5)	8(4.5)	5(7.2)	6(6.0)	9(4.0)	36
(D)	7(4.6)	7(4.6)	4(8.0)	7(4.6)	7(4.6)	32

중심도(centrality)가 가장 높은 사람은 커뮤니케이션 구조의 중심적 위치를 차지하고 있기 때문에, 가용 정보의 양도 많고 영향력이 클 뿐만 아니라 지도력을 행사할 수 있는 입장에 있다. 집단에 따라서 그 구성원들의 중심도에 차이가 큰 집단과 작은 집단이 있다. 이 점에서 (A)형과 (D)형 집단은 아주 대조적인 구조를 이루고 있다.

이러한 구조의 차이를 구체화하기 위해, 각 구성원들의 중심도와 그 집단의 최대 중심도의 차이를 계산한다. 이 차이를 주변도(degree of periphery)라고 한다. 예컨대, (B)형의 ⓟ의 주변도는 2.7(6.7-4.0)이고, ⓠ의 주변도는 1.0(6.7-5.7)이며, ⓣ와 ⓢ의 주변도도 각기 2.7과 1.0이다. 개인별 주변도를 모두 합하면 그 집단의 중심도가 기울어진 정도 즉 경사도가 산출된다. (A)형의 경사도는 0, (B)형은 7.4, (C)형이 9.8, 그리고 (D)형의 경사도는 13.6이다. 경사도가 클수록 집단의 구조는 독재형이고, 적을수록 민주형이라 할 수 있다. 따라서 구성원들의 만족도는 (A)형이 가장 높고, (D)형이 가장 낮다. 그러나 과제해결의 속도는 (A)형이 가장 늦고, (D)형이 가장 빠르다.

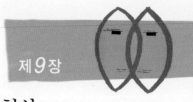

제9장

동조적 현상

인간은 양면적 존재이다. 우리 인간에게는 다른 사람들이 하는 것처럼 따라 하는 동조적 성향도 있고, 남들과는 어디가 달라도 다른 나만의 고유성을 부각시키고 싶은 개성적 성향도 있기 때문이다. 동조적 행동이 전혀 없다고 하면 사회나 집단이 유지 존속될 수 없고, 동조적 행동만을 지나치게 강조하면 인간소외와 사회정체를 초래하고 발전과 창조를 가로막기 때문에 동조현상에도 긍정적 측면과 부정적 측면이 있다.

9.1 동조와 그 동기

그러나 오늘날 동조현상이 문제가 되는 것은 긍정적 측면보다는 오히려 부정적 측면에서 생기는 사회적 역기능이다. 모두가 머리를 모두 갈색으로 염색하면 나도 갈색으로 염색하고, 남들이 모두 핸드폰을 사용하면 나도 핸드폰을 구매하고, 남들이 모두 핸드폰을 버리면 나도 미련 없이 핸드폰을 버리고, 남들이 폭 넓은 타이를 착용하면 나도 폭이 넓은 타이를 착용한다. 최근에 붉은 셔츠가 불티나게 팔리는 것도 동조현상의 대표적 사례라 할 수 있다.

이처럼 소비자본주의 시대는 아름다움, 에로틱함, 세련됨 등에 관한 날로 새로운 기준을 자의적으로 만들어, 이에 따르지 않는 사람은 시대에 뒤떨어진 사람으로 취급받게 함으로써 획일적 동조를 유도한다. 이러한 동조적 성향이 문화사업가에게는 이윤 극대화의 기름진 토양일지 모르나, 소비자 개개인에게는 항상 유익하기만 한 것은 아니다. 따라서 사회나 집단의 규범과 기준에 따르는 동조현상도 관점에 따라 그 평가가 달라진다.

일반적으로 어떤 집단이나 사회든 이단자를 좋게 보지는 않기 때문에, 사회나 집단에서 이단자가 되기를 꺼려하는 동기에서 우리는 집단의 규범이나 기준에 동조하는 경향이 있다. 그러나 항상 집단의 규범이나 기준에 따르기 위한 한 가지 동기만으로 동조적 행동을 하지는 않는다. 개인이 다수에 동조하는 이유는 최소한 두 가지가 있다. 하나는 집단의 규범과 기준에 따르기 위한 것이고, 다른 하나는 정보를 얻기 위한 것이다. 규범적 영향(normative influence)은 개인이 다수에 의해 사회적으로 수용되고 호감을 받기 위해 동조하는 것이고, 이는 다수에 동조하는 그 자체가 목적이 된다. 그러나 정보적 영향(informational influence)은 개인이 어려운 문제를 해결해야 되는 불확실하고 애매한 상황에서 정보를 얻기 위한 목적으로 다수에 동조하는 것이다.

9.2 애매한 상황

셰리프(Muzafer Sherif)는 우리가 불확실하고 애매한 상황에서는 다수가 제공하는 정보의 영향을 받아 동조적 행동을 한다는 사실을 실험적으로 확인하였다. 동조에 관한 이론적 관점은 옛날부터 있었으나, 동조현상에 대한 실험적 연구는 1935년에 사회심리학자 셰리프에 의하여 최초로 수행되었다. 셰리프는 자동운동효과(autokinetic effect)에 관한 실험을 통해서 동조현상을 관찰하였다.

캄캄한 암실에서 한 줄기의 빛을 바라볼 때는 그것이 고정된 것임에도 불구하고 불규칙적으로 떨리는 것처럼 보인다. 셰리프는 이러한 광학적 착시현상을 이용하여 동조현상에 관한 최초의 실험적 연구를 수행한 것이다. 셰리프는 대학생 피험자들에게 그 불빛이 움직인 거리를 추정해 보도록 했다. 이는 빛이 실제로 움직이지 않기 때문에 매우 불확실하고 애매한 상황이므로, 정보를 얻기 위한 목적으로 다수의 의견에 동조하게 된다는 것이 셰리프의 기본 상정이었다.

피험자들에게는 이 빛이 불규칙하게 움직이거나 떨리는 것처럼 보이기는 하나 이는 어디까지나 광학적 착시현상이기 때문에, 움직인 거리를 추정하는 것이 매우 애매한 과제이다. 그래서 서로 정보를 교환하지 않고 개별적으로 추정할 때는 경우에 따라 5내지 6인치의 개인차가 나타났다. 그 다음에는 피험자들을 피험자로 위장된 실험 협조자들(confederates)

과 서로 추정치를 들을 수 있도록 큰 소리로 말하게 했더니 피험자들의 추정치가 실험협조자들의 각본에 거의 일치하였다. 이 실험은 판단에 필요한 객관적 기준이 없는 불확실하고 애매한 상황에서 개인은 다수의 판단에 동조한다는 사실을 입증한 것이다.

이러한 실험적 상황뿐만 아니라, 우리의 삶도 불확실하고 애매한 상황에 직면할 때가 많다. 전공분야의 선택, 주말에 관람할 영화의 선택, 투표할 대통령 후보의 선택에서 종교의 선택에 이르기까지 삶의 과정에서 우리가 직면하는 여러 가지 선택상황은 그 어느 것도 객관적이고 확실한 것이 없다. 이와 같이 불확실하고 애매한 상황에서 일반적으로 우리는 다른 사람들로부터 정보를 얻어 다수의 선택에 동조하는 경향이 있다는 것이 셰리프의 주장이다.

9.3 애매하지 않은 상황

이와 같이 애매한 상황뿐만 아니라 명확한 상황에서도 동조적 행동이 나타난다는 사실이 애쉬(Solomon Asch)의 실험에서 밝혀졌다. 시각적 변별에 관한 애쉬의 실험(1955)은 혼자서도 올바른 판단을 내릴 수 있을 정도로 전혀 애매하지 않은 명확한 상황에서도 동조현상이 나타난다는 사실을 밝힌 것이다. 처음에 애쉬는 전혀 애매하지 않고 명확한 대상을 판단할 경우에는 다른 사람들의 판단에 의존하지 않을 것이라고 생각하였으나, 실험 결과는 당초의 생각과 전혀 다르게 나타났다.

애쉬의 실험에는 피험자로 위장된 7명의 실험 협조자들(confederates)과 나머지 한 명만 진짜 피험자(naive subject)가 참여하였다. 다음의 그림과 같이 하나의 표준선 및 이 선과 비교하기 위해 길이가 서로 다른 3개의 선이 그려진 카드를 보고, 실험실에 들어가 지정된 좌석에 앉은 이들 8명에게, 3개의 비교선 중 어느 것이 표준선과 길이가 같은가를 앉은 순서대로 대답을 하게 하였다.

이 실험에서 진짜 피험자는 4번째 자리에 앉은 사람이고, 그 앞에 앉은 사람들은 모두 실험협조자들이지만 4번째 사람은 이 사실도 모르고 자기와 같은 진짜 피험자들이라고 생각한다. 18회 반복된 이 실험에서 실험 협조자들이 처음 6회 동안은 정답을 말하다가 7회부터 틀린 답을 말하도록 계획되어 있었다. 비교선과 길이가 같은 것은 실제로 1번 선인데도 첫 번째 실험 협조자가 3번 선이라고 대답을 하고, 둘째와 셋째 실험 협조자도 3번 선이라고 대답을 한다. 그러면 4번째의 진짜 피험자는 어리둥절하게 된다. 이 실험의 결과 약 75%의 진짜 피험자들이 최소한 한번 이상은 앞서 대답한 실험 협조자들의 틀린 대답에 동조하였고, 전체적으로는 약 35%가 오답에 동조할 정도로 개인의 행동에 대한 다수의 영향력이 뚜렷하게 나타났다.

애쉬의 주장에 따르면, 정답을 알고 있는 객관적이고 명확한 상황에서도 타인의 행동에 동조하는 것이 진짜 동조현상이라는 것이다.
일상생활에서도 자기 나름의 확신이 있음에도 불구하고, 남들이 하면 자신의 소신과 달리 다수의 행동에 동조하는 행동을 하게 되는 경우가 많은 것이다. 이와 같이 혼자서도 명백한 판단을 내릴 수 있을 정도로 분명하고 객관적인 상황에서도 다수에 동조하는 현상은 집단의 기준에서 일탈했을 때 야기될 수도 있는 당황스러운 결과를 모면하기 위해 다수에 따라야 한다는 규범적 영향이 개인의 동조적 행동을 유발한 것이다.

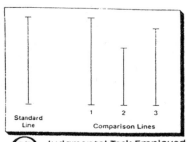

9.4 동조에 영향을 주는 요인

셰리프 및 애쉬의 실험을 통해서 우리는 다수의 압력이 개인의 행동에 실질적 영향을 미친다는 사실을 확인하였다. 이들의 선구적 연구 이래로 동조적 행동에 영향을 주는 요인에 관한 광범위한 연구가 이루어졌다. 집단의 크기, 집단의 유형, 다수의 분열, 집단응집도, 장기적 관계, 유능성, 성별 등은 모두 동조현상에 탄력적 영향을 미치는 요인들이다. 그러나 여기서는 이를 상황적 성격, 집단의 성격 및 개인적 차원으로 나누어서 검토하기로 한다.

① 상황적 성격과 동조

동조적 행동에 영향을 미치는 요인들 중에서도 결정적인 것은 행위상황의 불확실성과 애매성이다. 위에서 소개한 셰리프와 애쉬의 실험은 서로 상반된 상황적 조건 하에서 이루어진 것이나, 두 가지 조건을 동시에 고려한 실험결과에 따르면, 확실하고 애매하지 않은 구조화된 상황에서 쉬운 과제를 수행할 때보다는, 불확실하고 구조화되지 않은 애매한 상황에서 어려운 과제를 수행할 경우에, 우리는 다수의 영향을 받아들여 쉽게 동조하는 경향이 높다는 것이다.

② 집단의 성격과 동조

일반적으로 집단의 응집도가 높고 권위가 높을수록 동조적 행동이 증가하는 것처럼 개인에게 영향을 미치는 집단의 성격에 따라 동조적 행동이 탄력적으로 달라진다. 첫째로, 우리는 일반적으로 현재 자기가 속해 있기는 하나 심리적 애착도 없고 그래서 동일시의 대상으로 삼지 않는 명목적 회원집단보다는 앞으로 자기가 소속되기를 바라고 그래서 심리적 애착을 느끼고 동일시의 대상으로 삼고 있는 준거집단의 영향에 쉽게 동조하는 경향이 있다.

둘째로, 우리가 평소에 능력이나 자격이 있다고 생각하는 사람들로 구성된 집단의 영향을 받아 그 집단에 동조적 행동을 할 가능성이 높고, 이 경우의 동조는 다수가 제공하는 정보에 의존하기 위한 것이다. 따라서 어려운 과제를 성취한 사람들의 성공담은 동조적 행동을 유발하는 중요한 자극제가 될 수 있다.

셋째로, 집단의 규모도 동조에 영향을 미친다. 애쉬의 실험에서는 3명

이면 동조를 유발하는데 충분하였고, 구성원의 수가 더 늘어나도 동조행동의 비율이 더 높아지지 않았다고 한다. 그러나 그 이후의 실험에서는 집단구성원의 수가 많을수록 동조의 비율이 높아진다는 연구결과도 있다. 그러나 규모가 작든 크든 집단 구성원들 사이에 만장일치(unanimity)가 되어야 동조를 유발하는 효과가 높다. 동조자들 중에도 집단의 견해와 내심으로 다른 견해를 가진 사람이 있을 수 있기 때문에, 단 한 사람이라도 다른 견해를 피력하여 다수의 합의에 균열(breach in the majority)이 나타나면 동조행동은 곧 사라지게 된다. 그래서 획일적 동조를 강요하는 전체주의 사회는 단 한 사람의 이단자도 용납하지 않는다.

③ 개인적 특성과 동조

누적된 연구결과에 따르면, 첫째로, 지적 수준이 높은 사람이 낮은 사람보다 동조를 유도하는 집단의 압력에 대한 저항력이 강하다. 지적 수준이 높은 사람들은 맡은 바 과제수행에 필요한 가치판단과 실천적 지침을 수립할 때 타인의 도움에 의존하지 않는 경향이 뚜렷하기 때문에 정보적 영향에 대한 동조에 특히 회피적이다. 그러나 지적수준은 집단의 규범적 영향에 대한 동조성에는 그다지 중요한 변인이 되지 않는다.

둘째로, 성별 차이가 동조적 성향에 의의있는 차이를 보인다는 주장도 있으나, 이는 매우 민감한 쟁점을 제기하는 주장이다. 일련의 조사연구에 따르면, 여성이 일반적으로 남성보다 사회적 압력에 동조하기 쉽다는 연구결과가 있으나, 동조성의 이러한 차이는 생물학적 성별차이(sexual difference)가 아니라, 수동성과 순종성(submissiveness) 및 양순함(nurturance) 등 동조적 성향과 관계가 깊은 역할을 내면화하도록 사회적으로 길러진 성별차이(gender difference)를 반영한다는 것이 오늘날의 지배적 관점이다.

제10장

일탈과 범죄행동

일반적으로 우리는 자신이 소속된 조직이나 집단 및 사회가 요구하는 규범의 틀에 맞추어 행동한다. 만약 규칙이나 규범이 없다고 하면 사회생활은 심각한 문제를 야기할 것이다. 따라서 모든 사회는 그 나름의 규범체계를 가지고 있을 뿐만 아니라, 이를 사회구성원들이 내면화하여 규범에 동조하는 행동을 하도록 유도하고, 규범을 어긴 행동에 대해서는 사회적 및 법적 제재를 가하여 사회의 유지존속을 가능하게 한다.

그러나 사회구성원들의 모든 행동이 항상 규범에 동조하는 행동은 아니다. 규범에 동조하는 행동도 있고 규범의 틀을 벗어나는 행동도 있다. 일반적으로 규범이 허용하는 한도를 벗어나는 행동을 일탈행동(deviant behavior) 혹은 비행(delinquency)이라 하고, 그 중에서도 성문화된 법적 규범을 어긴 일탈행동과 비행을 범죄행동(criminal behavior) 혹은 간단히 범행이라고 한다.

일탈행동 혹은 범죄행동을 연구하는 학문분야를 일탈사회학(sociology of deviance) 혹은 범죄사회학(criminal sociology)이라고 한다. 그러나 이 분야는 인간의 본질을 어떻게 상정하는가에 따라, 그리고 어떤 행동을 범행으로 보느냐에 따라 상이한 관점과 이론이 있을 수 있기 때문에 서로 다른 이론적 입장과 관점 사이에 열띤 논쟁이 끊임없이 일어나고 있다.

10.1 기능주의적 일탈이론

기능이론(functionalism)은 사회의 본질에 관하여 다음과 같은 네 가지 기본명제를 상정하고 있다. (1) 사회 구성원들은 공유의 규범과 가치에 폭넓게 합의하고 있다. (2) 모든 사회는 지속적이고 안정된 구조를 이루고 있다. (3) 사회의 구성요소들은 비교적 잘 통합된 구조를 이루고 있다. (4) 사회를 이루는 모든 구성요소는 사회유지에 긍정적 기능을 수행한다. 요컨대, 합의(consensus), 안정성(stability), 통합(integration) 그리고 순기능(eufunction)을 강조하는 것이 기능주의 패러다임의 특징이다.

뒤르껭(Durkheim), 파슨즈(Parsons), 머턴(Merton) 등 기능주의 사회학자들은 비행과 범행이 사회적 무질서와 불안의 원인이 되기는 하나, 반인륜적인 흉악한 범행이 보도되면, 이래서야 되겠느냐라는 도덕적 경각심을 환기시키고 사회의 규범적 경계(normative boundary)를 재확인시킴으로써 사회통합에 긍정적 기능을 수행하는 측면도 있다고 본다. 뿐만 아니라 기능주의는 비행과 범행의 원인을 행위자 개인의 성격 특성보다는 오히려 사회의 문화적 구조에서 찾는다.

① 뒤르껭(Emile Durkheim)의 아노미 이론

뒤르껭의 대표적 저작인 『사회분업론』(Division of Labor in Society, 1893) 과 『자살론』(Suicide, 1897)은 19세기 말엽에 나온 것이고, 이 시대는 중화학공업의 획기적 발전에 힘입어 자유방임적 자본주의가 독점자본주의 단계로 이행하던 급격한 변동의 기간이었다. 뒤르껭은 전통사회에서 산업사회로 급격한 변동이 일어날 때, 전통적 가치규범은 빠른 속도로 붕괴되는데도 불구하고 사회구성원들의 사고와 행동을 규제할 수 있는 새로운 가치규범이 미처 확립되기 이전의 규범적 혼란상태를 무규범성 (normlessness) 혹은 아노미(anomie)라고 하고, 이와 같은 아노미적 상황이 비행과 범행의 원인이라고 본다.

이러한 사회적 무질서와 혼란을 극복하기 위한 당시의 대안은 공리주의적 해결방안과 사회주의적 해결방안이었다. 공리주의적 해결방안은 벤담(J. Bentham), 밀(J.S. Mill), 스펜서(H. Spencer), 그리고 고전학파 경제학자인 아담 스미스(A. Smith) 등의 입장이고, 사회주의적 해결방안은 마르크스주의 사상가들의 대안이었다.

뒤르껭은 마르크스주의적 해결방안에도 동의하지 않았을 뿐만 아니라, 공리주의적 해결방안에 대해서도 비판적이었다. 그는 사회구성원 개개인이 자신의 사적 이익을 추구하는 데 몰두하면, '보이지 않는 손'의 조화에 의하여 사적이익이 공익과 일치되고 그래서 최대다수의 최대행복이 실현된다고 보는 공리주의가 극단적 개인주의의 전형이라고 비판한 것이다. 이 두 입장과 대조적으로 뒤르껭은 공동체 구성원으로서의 집합적 의식과 사회적 도덕률을 내면화시켜 이에 동조할 수 있는 사회적 본성을 일깨움으로써 비로소 질서의 문제를 해결할 수 있다고 본다. 뒤르껭의 집합의식(collective conscience)은 전통적 농경사회의 기계적 연대감이나 산업사회의 유기적 연대감 같은 것이다.

② 머턴(Robert Merton)의 구조적 긴장이론

뒤르껭처럼 머턴도 일탈행동의 원인은 개인의 심리적 요인보다는 사회의 구조적 요인에 있다고 본다. 그는 뒤르껭의 아노미개념을 선진산업사회의 변화된 현실에 부합되게 창조적으로 수정하였다. 머턴은 오늘날 미국인들 중 상당한 부류가 느끼는 혼란상태는 문화적 목표와 제도화된 수단 간의 괴리에서 온다고 본다. 선진자본주의 사회가 강조하는 문화적 목표는 경제적 성공이지만 이러한 목표를 달성하는 제도적 수단에 대한 접근기회는 평등하지 못하다. 경제적 성공에 이르는 제도적 수단은 높은 수준의 교육을 받아서 보수가 좋은 직업을 갖는 길뿐이기 때문이다.

사회구성원 모두가 제도적 수단에 대한 접근의 기회를 평등하게 가진다고 하면 문제가 없으나 현실은 그렇지 않다. 최소수혜계층의 자녀들은 높은 수준의 교육을 받을 기회가 구조적으로 제한되어 있고 따라서 문화적 목표를 달성하는 데 이용할 수 있는 제도적 수단이 없기 때문에 긴장과 좌절이 누적된다. 누적된 긴장은 비동조적 행위를 하도록 유도하는 압력요인이 된다. 머턴은 문화적으로 강조되는 목표와 제도화된 수단의 괴리를 아노미적 상황이라고 규정하고, 목표와 수단 간의 괴리에서 기인된 딜레마가 일탈행동의 원인이라고 본다.

이상과 같이 뒤르껭과 머턴은 일탈행동의 원인을 사회문화적 구조에서 파악하는 것이 특징이다. 기능주의적 비행이론이 종래의 심리적 환원론을 극복한 것은 긍정적 공로라 할 수 있으나, 그럼에도 불구하고 사회적 상호작용이 범죄나 비행을 유발할 수 있다는 것을 외면하였다. 따라서 우리는 절을 바꾸어 사회적 상호작용의 과정에 착안하는 일탈이론을 검토하기로 한다.

10.2 문화전파이론

문화전파이론은 일탈행동의 원인을 개인의 심리적 특성으로 보는 관점과 사회문화적 구조에 있다고 보는 관점을 동시에 비판하면서, 전자와 후자를 비판적으로 종합하는 입장이다. 요컨대 사회적 상호작용을 통해서 비행문화가 전파된다고 보는 일탈이론이다. 여기서는 이러한 입장을 대표하는 서덜랜드의 차별적 접촉이론, 글레이서의 차별적 동일시 이론, 마트자의 중화이론, 코헨의 하위문화이론을 소개하고자한다.

① 서덜랜드(Edwin Sutherland)의 차별적 접촉이론

차별적 접촉이론은 비행에 관한 문화전파이론 중에서도 범죄사회학의 발전에 가장 영향력 있는 이론이다. 서덜랜드의 차별접촉이론은 '착한

친구를 사귀면 착한 아이 되고, 나쁜 친구를 사귀면 나쁜 아이 된다'는 상식을 이론적으로 정교화한 것이다. 일반적으로 인간은 준법행위보다는 일탈행위를 긍정적으로 평가하는 사람들과 긴밀한 상호관계를 유지하면서, 비행의 기술을 익히고 비행동기를 내면화할 뿐만 아니라 이를 정당화하는 태도를 학습함으로써 일탈행동을 하게 된다는 것이다. 차별적 접촉이론(theory of differential association)의 핵심적 주장은 준법적 행동보다 일탈적 행동을 긍정적으로 생각하는 태도와 신념 및 동기를 가진 집단과의 빈번한 접촉이 일탈행동의 원인이라는 것이다.

요컨대 법과 규범을 위반하는 일탈행동을 부정적으로 보는 사람들보다 이를 긍정적으로 생각하는 사람들과 빈번히 접촉하게 되면 범행과 비행을 저지르게 된다는 것이 서덜랜드의 관점이다. 이러한 주장은 극히 수동적인 인간관에 근거한 것이며, 우범지대에 거주하는 청소년들 중에도 일탈행동을 하지 않는 모범적 청소년들이 있다는 사실을 설명하기에는 결정적인 한계가 있다. 이러한 한계성 때문에 서덜랜드의 영향을 받은 이론가들 중에서 글레이서와 마트자 등은 차별적 접촉이론을 비판적으로 수정 보완한다.

② 글레이서(Daniel Glaser)의 차별적 동일시이론

글레이서는 일탈행동을 이해하기 위해서는 차별접촉에 주안하기보다는 차별적 동일시에 착안하여야 한다고 주장한다. 인간의 사회적 행위는 공간적 근접성에 의하여 영향을 받기보다는, 오히려 정신적 공감, 주관

적 애착, 지향하는 가치의 유사성이 원인이 되어 능동적으로 타인을 모방한다는 것이다. 차별적 접촉이론이 일탈행동을 수동적 학습으로 보는 것과 대조적으로 차별적 동일시이론(differential identification)은 이를 능동적 학습으로 파악한다.

③ 마트자(David Matza)의 중화이론

마트자는 서덜랜드의 주장이 일탈행동의 원인을 밝히기보다는 오히려 실상을 왜곡하는 측면이 있다고 비판한다. 만약 서덜랜드의 주장이 옳다고 하면, 비행청소년은 비행이 나쁜 행위라고 생각하는 것이 아니라, 비행이 나쁘지 않은 행위라는 태도와 가치를 내면화한 일종의 확신범이다. 그러나 마트자는 서덜랜드의 이러한 관점에 대하여 비판적이다.

모든 범죄자와 비행청소년을 확신범으로 규정하는 것은 현실과 다르다는 것이다. 그 이유는 첫째로, 만약 범죄자가 자신이 저지른 범죄행위를 정당한 행위라고 확신한다면 범행이 발각되었을 때도 죄의식이나 수치심을 느끼지 않아야 할 것이나, 실제로 대부분의 범죄자들은 범행이 발각되었을 때 심각한 죄의식과 수치심을 느끼고 타인의 시선을 피하려 하기 때문이다.

둘째로, 범죄자들이 범행의 대상을 선택할 때 가해할 사람과 가해해서는 안 될 사람을 구분하는 경우가 많다는 경험적 증거가 있다는 것이다. 이렇게 볼 때 범죄자들도 법을 준수하는 선량한 시민을 존경하며 법과 규범을 위반하는 일탈행위를 도덕적으로 정당한 행위로 확신하지 않음을 알 수 있다.

이러한 한계성을 극복할 수 있는 대안으로 마트자는 중화이론(neutralization)을 제안한다. 비행과 범행의 사회화과정에서 일탈행위자는 자신의 일탈행위를 중화시키는 것을 학습하게 된다는 것이다. 비행을 중화시키는 기법에는 다음과 같은 다섯 가지가 있다.

첫째로 책임의 부정(denial of responsibility)이다. 비행을 한 사람이 그가 의도적으로 한 것이 아니라 이웃 혹은 친구 때문이라거나 부모의 애정결핍 때문이라는 따위의 외적 요인을 평계삼아 자신의 책임을 부정하는 중화기법이다.

둘째로 상해의 부정(denial of injury)이다. 물건을 훔친 사람이 잠깐 빌린다고 생각하거나, 노상에서 집단적 싸움을 벌이다가 적발된 사람들이 자기들은 폭력을 행사한 것이 아니라 양쪽이 합의한 결투라고 중화시키는 기법이다.

셋째로 피해자의 부정(denial of the victim)이다. 살인을 한 사람이 피살자는 민족반역자이기 때문에 자신의 살인행위는 범행이 아니라 정의로운 응징이라고 생각하거나, 절도범이 자신이 훔친 것은 부정축재자의 것이므로 자신의 범행은 분배적 정의의 실천이라고 중화시키는 기법이다.

넷째로 비난자의 비난(condemnation of condemners)이다. 신호위반으로 적발된 운전자가 적발한 순경을 함정수사라고 비난하거나, 시험 중 부정행위로 적발된 학생이 감독교사에게 모두 다 하는 것을 자기만 잡는다고 비난하는 중화기법이다.

끝으로 충성심이라는 변명(appeal to higher loyalties)이 있다. 범죄를 저지른 청소년이 자신의 행동을 동배집단에 대한 충성심 대문으로 생각하거나, 특별범죄 가중처벌법 위반으로 구속 기소된 어떤 회사의 간부가 자신의 범행동기를 회장에 대한 인간적 의리 때문에 어쩔 수 없었다고 중화시키는 기법이다.

④ 코헨(Albert Cohen)의 하위문화이론

코헨은 머턴의 아노미이론으로부터 비행문화의 발생기원을 수용하고, 서덜랜드를 비롯한 시카고학파의 문화전파이론으로부터 비행문화의 전달 메커니즘을 수용하여 이른바 비행성 하위문화이론을 제기하였다. 한편으로는 일탈행동이 사회문화적 구조와 깊은 관련이 있다는 머턴의 관점을 수용하고, 다른 한편으로는 계층, 지역, 연령집단 같은 사회적 범주들은 그 나름의 문화적 조회체제를 갖는다는 서덜랜드의 관점을 수용한다.

코헨은 미국사회의 지배적인 주류문화는 앵글로색슨계 개신교도(White Anglo-Saxon Protestant: WASP)의 문화이며, 이를 중산층 문화라고 본다. 미국 중산층의 문화적 특징을 코헨은 성취지향적이고 금욕적이며 경쟁심을 조장하는 문화라고 본다. 구체적으로 미국의 중산층은 부모가 자녀에게 보다 높은 지위와 직업적 포부를 갖도록 촉구하며, 높은 수준의 야망을 갖도록 권장한다. 자립정신과 철저한 책임의식을 강조하고 삶에 대한 장기적 계획 하에 눈앞의 만족을 자제하는 것을 미덕으로 강조하기 때문에 흥취적 문화보다는 학구적 문화를 선호한다. 이와 같이 성취지향적이고 금욕적이며 지위상승을 위한 경쟁심을 강조하는 문화적 가치가 주류를 이룬다는 것이다.

이러한 중산층문화가 주류문화일 뿐만 아니라, 학교의 공식적 문화도 중산층문화를 중심으로 형성되는 것이다. 중산층의 자녀들은 이미 가정교육을 통해서 주류문화로 사회화되었기 때문에 학교생활에 적응이 용이하나, 하류계급의 자녀들은 중류계급의 문화가 주류를 이루는 학교사회에서 정의적 적응의 어려움은 말할 것도 없고 인지적 성취에 있어서도 결정적으로 불리하다.

머턴은 문화적 목표와 제도적 수단 간의 괴리를 아노미로 규정하고, 아노미적 상황에 대한 개인의 적응양식을 유형별로 구분하였으나, 코헨은 부적응과 좌절 그리고 손상된 자존심을 공감하는 하류계급의 청소년들이 그들의 지위에 기인된 죄절감을 집단적으로 해결하기 위하여 또래집단을 형성하고, 주류문화에 반대되는 문화적 가치를 추구하는 그들 나름의 비행성 하위문화(delinquent subculture)를 형성함으로써 일탈행동을 하게 된다고 본다.

10.3 사회통제이론

사회통제이론의 대표적 이론가인 힐시(Fravis Hirschi)는 인간본성은 이기적이고 비행성향이 있기 때문에 인간은 누구나 잠재적 비행자요 범죄자라고 본다. 법률적·도덕적 규범을 어기는 즐겁고 흥미진진하며 매력적인 상상을 통해서 열등생이 우등생도 되고, 집없는 사람이 궁궐 같은 저택을 소유하기도 하며, 힘없는 사람이 남을 지배하는 자리에 오를 수도 있기 때문에 비행동기가 없는 사람은 없다는 것이다.

그래서 힐시의 사회통제이론은 기능주의적 일탈이론이나 문화전파이론과는 근본적으로 다른 관점에서 출발한다. 뒤르껭과 머턴의 기능이론이나 서덜랜드, 글레이서, 마트자 및 코헨의 문화전파이론은 규범과 규칙에 동조하는 행위가 정상적이고 이를 위반하는 비행이나 범행은 비정상적인 행동이라고 전제한다. 이와 같이 기능이론이나 문화전파이론은 비행이 비정상적 행동이기 때문에, 비행의 원인을 탐구한 것이다.

요컨대 종래의 비행이론은 규범준수행위는 정상적이고 규범위반 행위가 비정상적 행위이기 때문에 왜 사람들이 규칙을 위반하는가를 밝히려 하였으나, 힐시의 사회통제이론은 인간본성이 이기적이고 비행성향이 있기 때문에 비행이 자연스럽고 정상적이라고 보며, 따라서 우리가 해명해야 할 물음은 '왜 비행을 저지르게 되는가'가 아니라, '도대체 무슨 힘 때문에 비행을 하지 않고 살아갈 수 있는가'라는 물음이어야 한다고 본다.

따라서 사회통제이론(theory of social control)의 출현은 비행사회학 혹은 범죄사회학의 발전에 결정적인 전환점이다. 모든 사람들이 비행 동기를 가지고 있고 그래서 우리 모두는 잠재적 범죄자인데도 불구하고, 대부분의 사람들이 이러한 비행동기나 범행동기를 통제할 수 있는 힘은 과연 무엇인가라는 물음을 제기하고, 이에 답하기 위하여 힐시는 사회적 연대이론을 제기하는 것이다.

그래서 힐시의 사회통제이론을 사회적 연대이론(theory of social bonds)이라고도 한다. 요컨대, 사회적 연대(social bond)가 강할수록 인간의 굴레에 묶여 비행동기를 통제할 수 있게 된다는 것이다. 그는 사회적 연대를 애착, 집착, 몰두, 신념 등 네 가지 요소로 규정하고, 이러한 연대가 강할수록 규범과 규칙에 동조할 수 있도록 통제하는 힘도 강력하다고 보는 것이다.

첫째로 애착(attachment)은 개인이 타인 특히 의미 있는 타자에게 정서적으로 밀착된 정도를 뜻하고 타인의 의견에 관심을 기울이는 성향 혹은 민감도를 뜻한다. 특히 부모나 형제 그리고 가까운 친구에 대해 정서적인 밀착이 강할수록 비행동기를 통제하는 힘이 강력하다는 것이다. 비행과 범행으로 인하여 의미 있는 타자와의 유대에 회복할 수 없는 손상을 줄 수 있기 때문이다.

둘째로 집착(commitment)은 사회적 보상이 높은 목표를 설정하고 설정한 목표를 달성하기 위하여 끈기 있게 집중하는 것을 뜻한다. 사회적 보상이 높은 목표를 설정하고 이에 집착하는 사람일수록 규범위반자가 됨으로써 사회적 보상을 상실하게 될 일탈행동에 빠질 확률이 낮다는 것이다. 말하자면 사회적 보상에 대한 집착이 비행동기에 대한 통제요인이라는 것이다.

셋째로 몰두(involvement)는 관례적 활동에 투입하는 시간의 양을 지칭한다. 학생의 경우는 학업이, 그리고 직장인에게는 맡은 바 업무가 관례적 활동이다. 힐시에 따르면, 이와 같은 관례적 활동(conventional activity)에 많은 시간을 투입할수록 일탈적 활동에 투입할 시간이 없다. 높은 수준의 몰두는 비행성향에 대한 강력한 통제력이 된다는 것이다.

넷째로 힐시가 신념(belief)이라고 하는 것은 일반적 의미의 신념이 아니라 사회의 지배적 규범과 가치를 내면화한 것이고, 그래서 내면화된 사회적 통제를 뜻한다. 사회의 공유규범과 가치를 내면화한 정도가 확고한 사람은 일탈행동을 할 확률이 낮기 때문에, 사회의 지배적 규범과 가치의 내면화를 통해서 비행동기가 통제되고 있다는 것이다.

머턴이나 코헨은 비행과 범행의 원인을 사회계급 혹은 가정의 사회경제적 지위와 관련시켰으나, 힐시는 사회계급이나 가정의 경제적 배경은 일탈행동의 설명에 중요한 변인이 아니며 오히려 애착, 집착, 몰두, 신념과 같은 사회적 연대가 결정적 요인이라고 보는 것이다. 인간본성은 비행성향이 있기 때문에 사람은 누구나 잠재적 범죄자이며, 사회적 연대가 약화되면 비행성향이 노출될 가능성이 높다는 것이다.

10.4 낙인이론

구조기능이론과 문화전파이론 및 사회통제이론은 일탈현상에 관한 강조점의 차이에도 불구하고 한 가지 뚜렷한 공통점을 가지고 있다. 이는 행위의 비행성 여부를 판단할 수 있는 준거로서의 사회적 규범이 엄연히 존재할 뿐만 아니라 이러한 규범에 대하여 사회구성원들이 폭넓게 합의하고 있다는 것을 전제하고 있다. 그러나 1960년대부터 사회적 규범의 정당성과 규범에 대한 합의를 당연시하는 전제가 근거 없는 순진무구한 상정이며 이론적인 유용성도 없다고 보는 상대주의적 비판이 본격적으로 제기되었다. 이는 권력과 패권을 장악한 집단이 그들의 규범과 가치를 사회의 제도적 삶을 지배하는 규칙으로 설정하고, 이러한 규칙을 어긴 사람들을 비행자 혹은 범법자로 규정한다고 보는 비판적 관점이다.

르메르트(Edwin Lemert)와 베커(Howard Becker)가 제기한 이 같은 입장을 일반적으로 낙인이론(labeling theory) 혹은 사회반응이론(societal reaction theory)이라고 한다. 르메르트와 베커는 이른바 비행이나 범행은 행위 그 자체의 본질적 특성이라기보다는 사회적으로 정의된 것으로 보고, 특정인이 범죄자로 낙인찍히는 과정, 낙인찍힌 사람이 스스로를 범죄자라고 규정하는 과정, 그리고 결국 경력범죄자가 되는 과정을 분석하는 데 초점을 둔다. 낙인이론의 주장을 요약하면 다음과 같다.

첫째로, 정도의 차이는 있어도 인간은 누구나 규칙과 규범을 어기는 일탈행동을 한다. 따라서 낙인이론은 우리가 정상과 비정상, 모범적인 청소년과 비행 청소년으로 구분하는 것은 정당화되기 어려운 이원화라고 본다. 운전을 할 때 우리는 흔히 속도제한을 어기는 경우도 있고, 숙제를 할 때 남의 것을 보기도 하며, 연간 소득액을 낮추어 신고하기도 하며, 자기가 열렬히 응원하던 야구팀이 패배하면 소주병을 던지기도 한다. 낙인이론에서는 이처럼 규범을 어긴 행동이면서도 통상적으로 적발되지 않는 경미한 일탈행동을 일차적 비행(primary deviation)이라고 한다.

둘째로, 경미한 일탈행동을 한 모든 사람들이 견책을 받는 것은 아니다. 고속도로에서 속도상한을 넘은 차량들 중에서도 고급 승용차는 묵인되고 낡은 소형차만 적발된다든지, 같은 행동도 남성들에게는 허용되고 여성들은 견책을 받는다거나, 경미한 일탈행동을 해도 고급관료는 면책되고 하급공무원은 징계에 회부되는 것처럼, 사회가 어떤 규칙을 설정하고 이를 위반한 일부의 사람들에게 비행자나 범죄자로 부르게 되는 과정을 낙인(labeling)이라고 한다.

셋째로, 일차적 비행의 결과 일단 비행자나 범죄자로 낙인찍히게 되면 그는 그러한 낙인에 맞는 자아의식을 형성할 가능성이 높다는 것이다. 특히 그가 의미 있는 타자로부터 낙인을 받을 경우, 낙인 과정을 목격하는 사람들이 많을 경우, 낙인에 대하여 다른 사람들이 동의하는 경우, 그는 그 낙인에 따라 자아정체감을 형성하고 이것이 자성예언이 되어 이른바 이차적 비행(secondary deviation)을 범하게 될 가능성이 높아진다는 것이다.

예컨대 우발적으로 가벼운 일탈행동을 한 아들에게 어머니가 여러 친구들 앞에서 호되게 야단을 치면서 '나쁜 자식'이라고 하고, 이러한 낙인을 아버지는 물론 형제들까지도 당연하다는 표정으로 동의한다고 하면, 그 아이는 진짜 나쁜 행동을 할 가능성이 높아진다는 것이다. 그래서 이차적 비행은 사회적으로 제조된 것이라고 보아야 한다. 낙인이론의 이러한 관점은 나의 자아 개념은 타인의 거울에 비친 내 모습에 대한 나의 인식이라는 상징적 상호작용이론의 관점과 유사하다.

넷째로, 비행청소년이나 범죄자로 낙인찍힌 사람은 국외자로 고립됨은 물론 친척과 친구들로부터 거부되고, 이러한 좌절감을 공유하는 사람들이 이른바 비행성 하위문화를 형성하게 된다. 비행성 하위문화에 참여함으로써 그들 간의 정서적 지원과 인간적 수용을 만끽하게 되는 것이다. 비행집단에 참여함으로써 비행성 자아상(deviant self-image)은 더욱 확고해지고 일생동안 비행과 범행을 반복하는 경력비행자의 굴레를 헤어날 수 없다는 것이다.

이상과 같이 낙인이론은 행위 그 자체의 본질적 특성보다는 특정행위에 대한 사회적 반응이 비행을 결정하는 주된 요인이라고 본다. 그러나 낙인이론이 반인륜적인 흉악범이나 반사회적 범죄자를 두둔하거나 변호하려고 하는 것은 아니다. 그럼에도 불구하고, 낙인이론은 비행과 범행을 연구하고 교정한다는 명분을 표방하면서 실제로는 부랑자, 사기꾼, 비행청소년, 미친놈, 변절자 같은 낙인을 남용하여 오히려 범죄나 비행을 적극적으로 생산하는 과오를 범할 수 있다는 것을 진지하게 경고하는 이론이라고 보아야 한다.

제11장

소외와 그 극복

　조직이나 집단이 그 구성원들의 사고와 행동에 간과할 수 없는 영향을 미칠 수 있을 뿐만 아니라, 구성원들의 생각과 실천을 통해서 조직이나 집단의 특성이 달라질 수도 있다. 이와 같이 사회가 개인의 사고와 행동에 미치는 영향과 개인이 사회에 미치는 영향에 관하여 체계적으로 연구하는 학문이 사회심리학이다. 사회적 현상을 사회적 요인에 초점을 두고 연구하는 학문이 사회학이고, 상대적으로 개인적 요인에 초점을 두고 분석하는 학문이 심리학이라면, 사회심리학은 개인적 요인과 사회적 요인의 상호관계를 분석하는 것이 그 특징이라고 할 수 있다.

　같은 언어를 사용하는 사람들도 사람마다 필체가 다르고 사람마다 음색이 다른 것을 생각하면, 인간에게는 이질성과 차이 그리고 고유성이 중요하고, 따라서 우리는 자신의 개성을 자유롭게 실현하면서 살아야 하는 존재라 할 수 있다. 그러나 구성원들이 저마다 개인의 자유를 극단적으로 추구하면 집단 혹은 사회가 해체될 수밖에 없기 때문에, 결국 우리는 더불어 살아가는 공동체 의식도 가져야 한다. 그러나 집단의 전체적 규율이나 집단의 정체성만을 배타적으로 강조하면 개인의 자유가 침해되기 때문에, 사회심리학은 집단의 효율적 기능뿐만 아니라, 구성원들의 인간적 존엄성, 구성원 개개인의 자아실현, 그리고 자아실현의 욕구가 좌절됨으로써 느끼게 되는 소외문제에도 깊은 관심을 가져야 한다.

오늘날 사회학이나 심리학에서 소외(alienation)라고 하면 개인이 그가 소속된 사회나 집단 혹은 그 자신에 대하여 낯선 느낌을 갖게되는 심리적 상태를 뜻한다. 그러나 철학이나 사회철학에서 소외는 사물화와 같은 뜻으로 통용된다. 사물화(reification)는 인간적 특성이나 인간관계 혹은 인간실천의 결과가 인간과 무관하고 인간을 지배하는 사물적 특성이나 사물적 관계로 변형되는 현상을 지칭한다. 어떻든 오늘날 사회학, 철학, 심리학에서 논의되는 소외현상에 대한 이론적 기초는 헤겔과 포이엘바하 및 마르크스에 의하여 확립되었기에 우선 이를 간략히 개관하기로 한다.

11.1 헤겔의 소외 개념

소외 현상은 아주 옛날부터 있었겠지만 소외 개념은 19세기 초 독일 관념철학자 헤겔(Georg W. F. Hegel: 1770~1831)이 처음으로 그의 『정신현상학』에서 철학적으로 체계화하였다. 헤겔은 긍정과 부정 그리고 부정의 부정을 자유롭게 거듭하는 인간 정신이 대상의식, 필사적 투쟁단계의 의식, 주인과 노예단계의 의식, 스토아적 의식, 회의적 의식, 불행한 의식

등 상징적으로 표현된 여러 단계를 거쳐 완벽한 이성에 이르는 정신의 자기운동과정을 소외와 탈소외의 변증법적 과정으로 파악한다. 의식의 긍정, 부정 그리고 부정의 부정이라고 하는 것은 의식의 부단한 자기성찰(self-reflection)이요, 인간정신 고유의 부정성(negativity of human spirit)이며, 인간정신의 점진적 자기발전을 가능하게 하는 참으로 신비로운 힘이다.

① 대상의식(object consciousness)

헤겔에 따르면, 우리 인간은 욕망의 눈빛으로 대상을 본다. 인간은 여러 가지 욕망을 충족하기 위해 대상세계와 관계한다는 말이다. 그러나 원초적 자연은 우리의 욕구충족에 순순히 동화되기를 거부하기 때문에 우리는 도처에서 욕구충족의 좌절과 소외를 느끼게 된다. 그러나 여기서 포기하면 삶의 발전은 기대할 수 없다. 우리를 소외시키는 대상에 정면으로 도전하여, 대상의 자립성을 정복하고, 파괴하고, 지배하려고 한다. 우리는 욕구충족에 동화되기를 부정하는 대상의 자립성을 되 부정함으로써, 우리의 욕망에 봉사하도록 대상을 창조적으로 변형시키는 것이다. 바로 이러한 부정의 부정이 헤겔의 소외이론에서 핵심적 개념이다.

예컨대, 배가 고프니 저 물고기를 잡아먹어야겠다고 생각한다면, 이는 욕구의 긍정이고, 그대로 삼키다가는 식도가 막혀 죽을지도 모르니 삼켜서는 안 된다고 생각하는 것은 욕구의 부정이다. 전자를 정립, 후자를 반립이라고 한다. 생선을 요리하는 것은 부정의 부정이요 고차적 긍정이다.

생선의 자립성을 일정한 정도로 제거하면서도, 생선조직의 단백질이나 탄수화물 같은 영양학적 성분은 그대로 보존하는, 말하자면 폐기와 보존을 동시에 내포하는 변증법적 지양(止揚)이다.

이와 같이 생선을 토막내어 요리하거나, 아름드리 소나무를 베어다가 의자를 만들거나, 소를 잡아 불고기를 요리하거나, 철판을 이용하여 조각작품을 만들거나 혹은 과일을 와삭와삭 깨물어 먹는 과정은 모두 대상의 자립성을 정복하고 지배하고 길들이고 파괴함으로써 우리의 욕망을 실현하는 활동이며, 이는 자유와 필연, 주관과 객관, 그리고 합목적성과 합법칙성의 상호작용이다. 헤겔은 욕구충족에 순순히 동화되기를 거부하는 대상의 자립성을 지배하고 파괴하고 정복하는 이러한 활동의 과정에서 우리의 의식에 나타난 현상을 부정의 원칙(the principle of negation) 혹은 죽임의 원칙(the principle of death)이라고 한다.

② 필사적 투쟁(the struggle unto death)

그러나 우리는 나무나 철판 같은 사물적 대상뿐만 아니라, 타인에게도 부정과 죽임의 원칙을 적용한다. 인간관계에 있어서도 나는 타아를 지배하고 정복하고 부정하려고 한다. 그러나 타인도 나와 마찬가지로 자의식적 주체이기 때문에, 나를 지배하고 부정하고 정복하려 한다. 이제 자아와 타아 사이에는 생사를 건 필사적 투쟁이 전개된다. 여기서 죽임은 현상적 죽임이 아니라 현상학적 죽임을 뜻한다. 어떻든 두 이기적 욕망의 흐름이 맞대결한 극한 상황에서 자아와 타아의 의식에 나타난 현상은 오직 목숨을 건 투쟁을 통해서 비로소 자유를 쟁취할 수 있다는 것이고, 따라서 이는 필사적 투쟁단계의 의식이다.

이와 같이 자아의식과 또 다른 자아의식이 대립하고 두 이기적 욕망이 대결하는 막다른 골목에서, 헤겔은 인간욕망의 본질을 예리하게 꿰뚫어보는 탁월한 통찰력을 발휘한다. 헤겔에 따르면, 우리 인간은 사물을 정복할 때보다는 타인을 정복할 때 더 큰 만족을 느끼고, 타인을 지배하고 정복하는 것 그 자체보다는 오히려 타인을 지배하고 정복할 정도로 내가 유능하다는 사실을 남들이 인정하고 선망의 눈빛으로 우러러 볼 때 더할 나위 없는 만족을 느끼기 때문에 인간의 욕망은 그 본질에 있어서 인정욕망(desire of recognition)이라는 것이다.

다시 말해서 인간은 타인의 인정을 통해서 비로소 자기 정체성을 형성하게 된다는 것이다. 우리의 자아는 독자적인 명상을 통해서 형성되는 것이 아니라, 자신을 타인의 인식의 거울에 비추어 봄으로써 비로소 형성된다는 것이다. 따라서 필사적 투쟁 단계의 의식은 결정적 한계성이 있다. 그 이유는 목숨을 건 투쟁에서 타인을 죽인다고 하면 첫째로, 내가 승리자라는 사실을 인정해 줄 타자를 상실하고 그래서 진정한 만족의 기회를 스스로 포기하는 것이며, 둘째로, 나의 정체성과 자아의식을 형성할 기회를 스스로 포기하는 우를 범하는 것이나 다름없기 때문이다.

③ 주인과 노예의 관계(the master-slave relation)

필사적 투쟁단계의 의식에 내재하는 이러한 한계성을 자각한 인간정신은 이제 타자를 죽이지 않고 살려서 자신의 노예로 삼을 정도로 성숙하여 이른바 주인과 노예의 단계로 발전한다. 이는 이기적 욕망에서 비롯된 배타적 실천이 공존의 윤리로 성숙한 것이며, 이기적 욕망의 주체가 개별적 자기의식을 극복하고 보편적 자기의식 즉 이성의 지평으로 고양된 것이다. 결국 헤겔 철학에서 욕망의 열정은 이성의 꽃을 피우는 기름진 토양이다. 정언명법에 어긋나는 이기적 욕망의 억압을 요청하는 칸트와 달리, 헤겔은 이기적 욕망이 변증법적 운동을 통해서 이성을 드러내기 때문에 욕망을 억압하기보다는 오히려 욕망의 열정적 흐름 속에서 이성의 자기전개를 본다.

그러나 주인과 노예 단계의 의식은 이미 그 자체 안에 심각한 소외의 징후를 내포하고 따라서 그 해체의 씨앗을 잉태하고 있다. 인간이 타자를 통해서 자신을 의식한다는 것은 자기의식의 상실이며, 타자를 그 자체로 보지 않고 타자에서 자기 자신을 보기 때문에 이는 인간의 자기소외이다. 그래서 당초에는 주인이 자립적 의식을 가진 자유인이고, 노예는 사물적 존재나 다름없는 비자립적 의식이었으나, 시간이 흐름에 따라 주인은 자유를 상실하고 오히려 노예가 자유를 의식하게 되는 신비로운 역전이 나타난다.

그동안 주인이 확신해 온 타자의 인정은 사실은 비자립적 의식인 노예의 인정이므로 내용 없는 공허한 인정이며, 주인은 자신의 삶이 노예의 노동에 전적으로 의존해 있기 때문에, 점차 자신이 주인이라기보다는 오히려 노예에게 예속된 비자립적 의식임을 느끼게 된다. 반면에 노예는 전면적 감시와 절대적 공포 속에서 강요된 노동을 하면서도, 저항하는 대상의 자립성과 목숨을 건 투쟁을 계속하는 가운데 자기 내면에 잠들어 있던 창조적 능력을 몸소 체험함으로써, 자신이 자립적 의식을 가진 자유인임을 자각하게 되는 것이다.

요컨대, 인간은 저항하는 대상의 자립성과 목숨을 건 필사적 투쟁의 과정에서, 맡은 역할의 내재적 가치를 느끼고 이에 혼신의 열정으로 몰두할 때, 노예가 주인으로, 예속된 의식이 자립적 의식으로, 예속된 존재가 자유로운 존재로 자신을 새롭게 창조할 수 있는 것이다. 결국, 노동은 물질적 재화를 창조하면서, 동시에 자기 자신을 새롭게 창조하고 자신의 삶을 한 단계 더 높은 수준으로 고양(self-enhancing)시키는 활동이다. 노동은 단순한 경제적 활동이라기보다는 인간 내면에 잠들어있는 잠재적 가능성을 실현하는 실존적 활동이라는 것이다.

④ 스토아적 의식(stoic consciousness)

그러나 주인과 노예의 역전(逆轉)은 어디까지나 내면적 사유 속에서 나타난 역전일 뿐 현실의 역전은 아니다. 헤겔은 이를 스토아적 의식이라고 한다. 스토아적 의식이란 내가 황제든 노예든 간에 나의 정신과 사유 속에서 나는 자유로울 수 있다는 의식수준을 뜻한다. 나는 나의 사유 속에서 자유로울 수 있고, 나의 정신적 자유를 그 누구도 구속할 수 없다는 사고방식이 스토아적 의식이고, 이는 로마시대의 노예 철학자였던 에픽테투스와 황제 마르쿠스 아우렐리우스 등의 철학사상이기도 하다.

그러나 자유가 오직 마음속에서만 가능하다고 하면, 이는 너무나 공허하고 추상적인 것이다. 현실적으로 노예가 노예일 수밖에 없다는 사실을 외면하고, 세속과 단절된 고독한 은둔자의 내면적 부동심만을 강조한다. 스토아주의는 인간을 포함한 대자연을 지배하는 필연적이고 이성적인 법칙을 합리적으로 이해하고 이성에 따라 사는 금욕적 삶을 통해서 마음의 동요를 극복하고 평정을 이룩할 수 있다고 보는 사고방식이다. 그러나 스토아적 의식은 비록 자신의 마음속에서는 주인일지 모르나 대자연을 지배하는 이성의 필연적 법칙에 대해서는 마치 노예처럼 예속된 의식이기 때문에 아직도 주인과 노예의 관계를 완전히 벗어나지 못한 것이다.

⑤ 회의적 의식(skeptic consciousness)

이러한 한계를 극복하기 위하여, 인간정신은 이제 회의주의라고 부르는 새로운 단계로 나아간다. 스토아적 의식은 현실적 삶을 무시하고 내면의 정적 속에 은둔하여 이성과 자유를 추구하는 것이 그 특징이었으나, 회의주의적 의식은 이와 대조적으로 일체의 현실을 철저히 의심하는 가운데 의식의 자유를 추구한다. 회의주의는 모든 일상적 인식은 물론, 흄의 철저한 회의주의에서 볼 수 있는 것처럼, 과학적 법칙까지도 의심하고 부정하며 해체하는 것이 특징이다.

그러나 회의주의적 의식은 의심을 오직 부정적이고 파괴적인 능력으로 활용하기 때문에, 결국 그 자체의 내적 모순에 의하여, 주인의식과 노예의식으로 분열되어 있다는 데 결정적인 한계성이 있다. 전자는 자유롭고 강력한 주인처럼, 모든 주장 위에 군림하여 의식 그 자체를 포함한 모든 것을 의심하고 거부하며 해체하는 데 비하여, 후자는 의심에 의하여 해체되고 정복된 노예의식이기 때문에, 주인의식의 관점에서 보면, 이는 덧없는 감각적 지각의 다발에 불과하다. 이와 같이 회의주의는 의심하는 주인의식과 의심받고 부정되는 노예의식으로 분열된 의식수준이기 때문에 여전히 주인과 노예관계를 벗어나지 못한 것이다.

⑥ 불행한 의식(unhappy consciousness)

불행한 의식이란 주인의식과 노예의식의 이중성이 하나의 의식 속에 공존하면서도 통일을 이루지 못하고 분열되어 있음을 자각하는 의식이다. 헤겔은 그리스도교의 종교적 의식을 불행한 의식의 전형적 사례라고 본다. 한편으로는 신(神)처럼 숭고하고 영원하고 고귀한 것을 동경하는 진정한 자아를 의식하면서도, 다른 한편으로는 덧없는 현실에 대한 줄기찬 애착과 세속적 쾌락에 탐닉해 있는 그릇된 자아를 가슴 아프게 의식하는 분열된 의식이기에 이를 불행한 의식이라고 한다.

이러한 종교적 의식에 있어서 신은 주인이고 인간은 신의 노예이기 때문에 불행한 의식은 여전히 주인과 노예의 관계를 벗어나지 못하고 있다. 인간은 자신이 섬기는 신이 실제로는 인간자신의 본질적 속성을 스스로도 닿을 수 없는 저 높은 피안에 투사한 상징적 표상이라는 사실을 자각하지 못함으로 인해서 불행한 의식에 빠지게 된 것이다. 종교가 인간을 불행하게 하고 인간의 자기분열을 조장하는 이유는, 인간자신이 닿을 수 없는 피안의 세계에 신을 자리매김하기 때문이라는 것이다. 인간이 예찬하는 신의 특성은 바로 인간자신에 내재한다는 사실을 자각한다면, 신은 결코 인간의 이성적 인식이 닿을 수 없는 물자체(物自體)가 아니라는 것이다.

⑦ 이성(reason)

인간이 이러한 종교적 소외를 극복하고 자유인이 되기 위해서는 무엇보다도 종교적 의식을 철학적으로 극복해야 한다. 종교적 의식을 철학적으로 극복한다는 것은 종교적 표상의 본질을 이성적으로 추론하여 이해한다는 것이다. 이러한 주장은 종교를 거부하는 것이라기보다는 종교의 철학화를 요청하는 일종의 이신론(理神論)이다. 결국, 헤겔의 신은 우리 인간이 신 자신에게까지도 노예이기를 거부하는 자유인이요, 오직 합리적 이성에 의해서 판단하고 선택하는 진정한 자유인이기를 바란다. 헤겔에 따르면, 이러한 이성의 단계에서 비로소 주인과 노예의 관계를 극복하고 참된 자유를 획득하게 되는 것이다.

신(神)은 인간이 신 자신에게까지도 노예이기를 거부하는 자유인이요,

오직 합리적 이성에 의해서 판단하고 선택하는 진정한 자유인이기를 바란다는 것은 구체적으로 무엇을 뜻하는가? 종교의 본질까지도 이성적으로 파악하는 것처럼, 모든 현실적 제도들이 이성의 원칙에 충실할 때, 비로소 정의로운 사회가 이룩될 수 있다는 것이다. 헤겔에 있어서 자유는 곧 이성이다. 철저한 이성주의 철학자인 헤겔에 있어서 정신은 곧 이성이요, 자유로운 정신은 오직 이성에 따르는 것을 뜻한다. 마치 강물이 수많은 구릉과 험준한 산을 피하면서 유유히 바다로 흘러 들어가는 것처럼 자유로운 정신은 다른 모든 것을 피하면서 오직 이성에 따르는 정신이다.

그러나 『정신현상학』의 신(神) 개념은 우리가 흔히 하나님 아버지라고 부르는 저 인격적 형상의 신이 아니라, 인간과 자연을 지배하는 로고스(logos)요 이성적 법칙과도 같은 것이며, 인간세계와 다른 저 높은 피안의 세계에 따로 존재하는 초월적 신이 아니라 현실세계 속에서 세계사를 통해 스스로를 드러내는 내재적 신(immanent god)이요, 영원불변의 고정된 신이 아니라 인간의 인식발전과 함께 변화하는 동태적 신이다. 헤겔은 이러한 이성적 신을 절대정신(absolute spirit)이라고 명명하여 이를 인간의 유한정신(finite spirit)과 구별한다.

플라톤은 이데아, 칸트는 물자체, 스콜라철학은 신을 각기 현상형태의 이면에서 현상을 그렇게 현현시키는 궁극적 실재라고 상정하는 것처럼, 헤겔에 있어서는 절대정신이 모든 것을 결정하는 궁극적 실재이다. 헤겔은 유한정신인 인간의 의식이 대상의식, 필사적 투쟁단계의 의식, 주인과 노예의 변증법, 스토아적 의식, 회의적 의식, 불행한 의식 등 수많은 단계를 거쳐 완벽한 이성의 경지에 이르는 변증법적 운동의 과정은 절대 정신이 유한정신을 매개로 하여 스스로를 실현하는 과정이라고 본다.

요컨대, 헤겔에 있어서 궁극적 실재(ultimate reality)는 절대정신이다. 존재하는 모든 것이 궁극적으로는 절대정신, 말하자면 자유로운 이성이요 신이라는 것이 헤겔 철학의 기본 관점이다. 그러나 헤겔이 절대정신, 완벽한 이성 혹은 신이라고 하는 것은 확고불변의 고정된 존재가 아니라, 소외와 탈소외의 끊임없는 변증법적 운동과정에서 스스로를 실현하는 동태적 자아(dynamic self)이다. 헤겔에 따르면, 인간은 자기 소외된 신의 모습이요, 유한 정신인 인간은 자기 소외된 절대정신의 한 유형(self-alienated form of the absolute spirit)에 불과한 것이다.

11.2 포이엘바하의 소외론

1831년 헤겔이 사망한 후 헤겔의 사상을 따르는 추종자들은 두 진영으로 분열되었다. 하나는 헤겔의 사상이 기존의 현실에 대한 철학적 정당화라고 생각했던 보수적인 헤겔 우파였고, 다른 하나는 헤겔 철학을 혁명적이고 급진적인 정치적 실천의 정당화라고 파악한 진보적 헤겔 좌파였다. 『법철학 서문』에서, "합리적인 것이 현실적이고, 현실적인 것이 합리적이라"(What is rational is actual, and what is actual is rational.)는 언명으로 표현된 헤겔의 사상 속에 이미 이러한 분열의 씨앗이 잉태되어 있고, 이 언명의 후반부를 따르는 자들이 보수적인 헤겔 우파이고, 전반부를 중요시하는 자들이 진보적 청년들이 중심이 된 헤겔 좌파였다.

보수적 헤겔 우파는 한동안 기존 체제를 정당화하는 어용철학(official philosophy)의 역할만 수행했을 뿐 걸출한 사상가를 전혀 배출하지 못했으나, 진보적 헤겔 좌파의 활동은 전혀 달랐다. 헤겔 좌파는 기독교와 프러시아 국가 및 당시의 시대적 현실을 헤겔이 이성적인 것이라고 수용한 것은 헤겔 자신의 철학이 내포한 비판적 함의를 관철하지 못한 결정적 실수라고 비판하였다. 당시에 헤겔 철학의 관념적 사변성에 대한 진보적인 청년 헤겔학파의 비판을 주도한 인물은 포이엘바하였다.

포이엘바하(Ludwig Feuerbach: 1804~1872)를 비롯한 헤겔 좌파는 현실에 대한 정치적 비판을 하기에 앞서 종교비판을 제기하였다. 진보적 청년 헤겔학도들은 사회제도의 현상형태와 그 본질의 괴리 중에서도 종교 본연의 소명으로부터 교회의 괴리를 가장 심각한 소외의 원천이라고 본 것이다. 그 이유는 다른 제도영역과 달리 종교는 절대적 가치를 표방하기 때문이다. 포이엘바하는 1841년에 발표한 『기독교의 본질』에서, 인간이 자기 소외된 신 혹은 절대정신의 한 유형이라는 헤겔의 주장을 정면으로 비판한다. 포이엘바하는 인간이 자기 소외된 신이 아니라, 오히려 신이 자기 소외된 인간이라고 주장한다. 기독교 혹은 신의 본질은 인간의 소외된 본질이라는 것이다.

헤겔 철학에서는 사유가 주어이고 존재가 술어로 잘못 설정되어 있다는 것이 포이엘바하의 핵심적 주장이다. 신이나 절대정신은 사유의 대상이고, 자연이나 인간은 감성적 직관의 대상이기 때문에, 사유와 존재의 관계를 명료화하기 위해서는 감성적 경험의 확실성에서 출발해야 한다. 따라서 사유가 주어이고 존재가 술어로 규정된 관념적인 헤겔 철학을 전도하여, 존재가 주어이고 사유가 술어가 되도록 전환해야 한다는 것이 포이엘바하의 관점이고, 이를 유물론적 전환법이라고 한다.

『정신현상학』의 '불행한 의식'에서 힌트를 얻어, 포이엘바하도 종교가 소외의 한 유형이라는 점에 동의하면서도, 종교의 본질을 인간의 유적본질이라는 관점에서 독특하게 설명한다. 인간이 이성적 존재이기는 해도 인간 이성은 오류를 범할 수 있기 때문에 전지전능함을 동경하고, 인간의 생명은 유한하기 때문에 영원함을 동경하며, 우리 인간은 천박한 욕망에 사로잡힌 존재이기에 지극히 숭고함을 동경한다. 포이엘바하에 따르면, 이와 같이 전지전능함과 영원함 및 지극히 숭고함에 대한 인류의 집합적 열망을 상징적으로 표상한 것이 종교요 기독교의 신이라는 것이다.

따라서 종교의 본질은 인간의 삶을 강화하고 인간의 삶을 상승시키는 데 있는 것이다. 그러나 당시의 기독교의 현상형태는 그 본질에서 심히 괴리되었던 것이다. 신의 본질은 인간 자신임에도 불구하고, 인간이 자신의 유적본질을 모두 신에게 바치고 이를 절대시함으로써 심각한 자기소외에 빠진 것이다. 결국 인간이 자기 소외된 신이 아니라, 신이 자기 소외된 인간이라는 것이다. 다시 말해서 인간이 자신의 유적본질을 상징적으로 표상화한 신을 스스로도 닿을 수 없는 저 높은 곳에 자리매김하여 그 앞에 노예처럼 무릎을 꿇고 절대시하면 할수록 깊은 소외에 빠지게 된다.

11.3 마르크스의 소외 개념

마르크스(Karl Marx:1818~1883)는 인간의 자아실현과 자기창조를 소외와 탈소외의 변증법적 과정으로 파악한 헤겔의 관점을 높이 평가하면서도, 헤겔의 『정신현상학』에서는 소외와 그 극복이 순수 사유 속에서만 가능하다는 점을 비판하였다. 또한 마르크스는 종교적 소외에 대한 포이엘바하의 유물론적 비판에는 동의하면서도, 포이엘바하가 적나라한 노동현장의 절박한 소외는 외면한 채, 다양한 소외현상들 중 한 가지 유형에 불과한 종교적 소외만을 문제 삼은 것은 현실과 유리된 천상의 비판이기 때문에, 이제 천상의 비판을 지상의 비판으로 끓어내려야 한다고 주장하였다.

일찍이 마르크스도 1844년에 쓰고 1932년에 출판된 그의 초기 저작인 『경제적 철학적 초고』에서 인간 소외와 그 극복 가능성에 관하여 깊이 있게 다룬 바 있다. 물론 마르크스의 학문적 관심은 자본주의적 생산양식이 본격화됨에 따라 인간의 존엄성이 훼손되는 현상을 심각한 문제로 규정하고, 모든 사람이 각기 고유한 잠재적 능력을 발휘할 수 있는 정의로운 사회를 실현할 수 있는 역사발전의 법칙성을 탐구하는 데 있었다. 그러나 인간의 본성을 보는 방식에 따라 사회정의를 규정하는 방식도 달라지기 때문에, 초기 저작에서는 우선 인간이 어떤 존재이며 어떻게 살아야 하는가라는 문제부터 본격적으로 천착한 것이다.

고대철학에서 현대철학에 이르기까지 철학자들은 한결같이 인간이 어떤 존재이며 어떻게 살아야 하는가를 탐구해 왔다. 그러나 순자가 인간의 본성을 악하다고 하면 맹자는 인간의 본성을 선하다고 주장하고, 홉스가 인간을 만족할 줄 모르는 이기적 욕망에 사로잡힌 존재라고 하면, 룻소는 인간의 선량한 본성을 강조한다. 이와 같이 인간의 본질에 관한 기존의 연구들은 경험적 실증도 합리적 논증도 불가능한 막연한 주장들만 제기하는 미숙한 상태에 머물러 있다. 그러나 마르크스는 정상적 판단능력을 가진 사람이라면 그 누구도 반론을 제기할 수 없도록 정연한 논리로 인간의 본질을 추론한다. 인간존재의 특성을 합리적으로 추론하기 위해서는 우선 인간존재의 본질을 다른 동물과의 종차(種差)에 착안하여 파악할 필요가 있다는 것이다. 마르크스는 동물일반의 생명활동과 인간일반의 생명활동 사이에 나타나는 뚜렷한 종차를 분석한 후, 종차에 착안하여 인간의 유적본질을 추론한다.

① 의식적 존재(conscious being)

동물의 활동이 본능적이고 반사적인데 비하여, 인간의 노동은 의식적이고 합목적적이다. 인간의 행동에도 물론 본능적이고 반사적인 것이 있기는 하나, 본능적이고 반사적인 행동은 인간 고유의 행동이 아니다. 다른 동물의 활동에서 찾아볼 수 없는 의식적이고 합목적적인 활동을 인간의 고유한 특성으로 보아야 한다. 예컨대, 벌이 벌집을 만드는 과정을 보면 건축가도 무색할 정도로 정교하다. 그러나 벌집을 짓는 벌의 활동은 본능에 각인된 반사적 동작인데 비하여, 건축가는 아무리 서툰 초보자라 하더라도 실재로 집을 짓는 활동을 개시하기 전에 의식 속에서 미리 완성된 모습을 설계한다는 점에서 인간의 노동은 의식적이다.

따라서 인간은 의식적 존재(conscious being)이며, 인간답게 살기 위해서는 의식적으로 살아야 한다. 의식한다는 것은 우리의 정신이 항상 그 무엇을 향해 있다는 것을 뜻하고, 그래서 의식의 특성은 그 지향성에 있다. 이는 곧 우리의 삶이 본능적이고 반사적인 것이 아니라 의식적 지향활동이어야 함을 뜻하고, 자신의 활동결과를 앞질러 내다보며 계획하는 능력을 길러야 함을 뜻한다. 앞질러 내다보는 능력이 있다는 것은 인간의 본성이 자유롭다는 것이며, 여기서 자유는 억압으로부터의 해방을 뜻하는 소극적 자유만이 아니라, 미래를 의식적으로 계획하고 설계할 수 있는 적극적 자유까지도 실천하도록 요청하는 개념이다. 요컨대, 의식적 활동이라는 것은 자유롭게 설계된 마음속의 계획을 대상에 구현하는 활동이다.

② 창조적 존재(creative being)

동물은 생존을 위해 자연계에 직접적으로 주어진 것을 그대로 이용한다. 인간도 자연적 소여를 그대로 이용하기도 하지만, 이를 창조적으로 변형할 수도 있다는 점에서 동물과 뚜렷한 차이가 있다. 예컨대, 고래는 다른 물고기를 그대로 잡아먹기는 해도, 이를 가공 변형하여 통조림을 만들 수 없는 것처럼, 동물은 욕구충족을 위해 직접적 자연을 그대로 이용만 한다. 그러나 인간은 자연적 소여를 창조적으로 변형하여 물질적 재화를 창조하면서, 동시에 자기 자신을 끊임없이 창조해가는 창조적 존재이다.

따라서, 인간은 창조적 존재(creative being)이기에 창조적으로 살아야 한다. 그러나 인간의 창조는 무에서 유를 만드는 문자 그대로의 창조가 아니라, 자연적 소여의 대상에 주관적 의지를 외화하여 의도적으로 변형하는 활동이다. 조각가가 무엇을 조각할 것인가를 결심하는 것은 자신의 주관에 따라 자유롭게 목적을 설정할 수 있으나, 설정된 목적을 달성하기 위해서는 재료의 물리적 및 화학적 성질을 필연적으로 준수해야 하며, 이는 철칙과도 같은 필연의 법칙이다. 모든 창조적 활동은 자유와 필연, 합목적성과 합법칙성, 주관성과 객관성간의 지속적 상호작용을 통해서 이루어진다. 말하자면, 창조적 삶은 필연적 법칙에 따라 주체적 자유를 실현하는 삶이다.

③ 대자적 존재(being-for-itself)

인간은 자신의 잠재능력을 끊임없이 꽃피우려 하는 대자적 존재이다. 동물의 생명활동은 생리적 욕구충족 그 자체를 목적으로 하는 활동이다. 동물처럼, 인간도 생리적 욕구를 충족해야 한다. 그러나 인간에게 있어서 생리적 욕구의 충족은 삶의 목적이 아니다. 동물과 마찬가지로 인간도 먹어야 살 수 있지만, 인간의 경우 먹는 것이 삶의 목적은 아니기 때문에, 우리는 기본적인 의식주를 생존의 목적이 아니라 생존의 수단이라고 한다. 말하자면, 기본욕구를 충족한 다음에 무언가 할 일이 있는 특수한 존재가 인간존재라는 것이다. 인간은 생리적 욕구의 필연에서 해방된 후에도 노동하는 존재요, 기본욕구의 필연으로부터 자유로워진 상태의 노동만이 인간 고유의 노동이다.

기본욕구의 충족을 수단으로 해서 구체적으로 무엇을 해야 하는가? 이는 물론 사람에 따라 다르다. 그러나 보편성의 차원에서 보면, 저마다 고유한 잠재적 가능성을 꽃피우려는 자아실현의 욕구가 있다. 인간의 노동활동은 생리적 욕구충족을 목적으로 하는 활동이 아니라, 자신의 고유한 잠재능력을 끊임없이 개발하려는 자아실현 활동이다. 인간은 누구나 자신의 고유한 가능성을 실현하려는 불사조의 열정을 가진 존재요, 끊임없는 자아실현의 욕구에 불타오르는 대자적 존재이다.

④ 사회적 존재(social being)

인간은 타인과 함께 살아가는 사회적 존재이다. 인간노동은 그 본질에 있어서 사회적 실천이요 역사적 실천이다. 인간은 사회적 존재요 역사적 존재라는 것이다. 동물은 자연적 소여를 그대로 이용만 하기 때문에, 자연을 이용하는 방법도 세대마다 동일한 방법을 반복한다. 물개가 물고기를 잡아먹는 방식은 예나 지금이나 다른 것이 없다. 그러나 인간은 자연을 창조적으로 변형할 때, 타인의 노동생성물을 도구로 활용하기 때문에, 인간노동은 불가피하게 사회적 실천이요 역사적 실천이다. 우리의 삶은 분리된 개인의 삶일 수 없다.

가령, 어떤 사람이 학원에 다니지도 않고, 자기 방에서 혼자 공부했다고 해도, 사실은 혼자 공부한 것이 아니다. 그가 사용한 책상, 의자, 책, 필기도구 등 물질적 도구만 생각하더라도, 그냥 물질이 아니라, 타인의 노동력이 체현된, 그래서 인간화된 물질이며, 따라서 타인의 도움을 받으며 공부한 것이다. 고향에 돌아와서 받은 밥상을 보고, 어머님의 정성이 깃든 음식이라고 생각하는 것처럼, 우리는 모든 도구를 그냥 물질이 아니라 인간화된 물질로 볼 수 있어야 한다. 따라서 모든 노동은 동시대 및 이전 시대의 타인과 함께 하는 노동이며, 그래서 인간은 그 본질에 있어서 사회적 존재다.

⑤ 본질과 현상의 괴리

요컨대, 인간노동은 그 본질에 있어서 의식적 활동이고, 창조적 활동이며, 끊임없이 자아를 실현하는 대자적 활동이면서도, 동시에 사회적이고 역사적 실천이다. 따라서 인간은 의식적이고 창조적이며, 끊임없이 자아실현을 추구하고, 공익에 이바지하려는 사회적 존재이며, 마르크스는 이를 인간의 유적본질(類的 本質)이라고 한다. 그러나 마르크스가 목격한 19세기 중엽, 영국이나 프랑스 등 선발국의 노동현실은 상상을 초월할 정도로 비참하였다. 당시의 노동은 이러한 인간성을 긍정하는 활동이라기보다는 오히려 인간성을 부정하는 활동이었다. 이는 무엇보다도 당시의 노동현실이 의식적 활동이라기보다는 반사적 활동이요, 자아를 실현하는 활동이 아니라 오히려 자아실현을 억압하는 활동이요, 자발적 활동이 아니라 강요된 노동이며, 인간의 유대를 강화하기보다는 오히려 파괴적 경쟁심을 조장하였기 때문이다.

본질적으로 인간은 의식적 주체이어야 하나 현상형태에 있어서는 허위의식에 사로잡힌 주체성 없는 주체로 변질되었고, 본질적으로 인간은 창조적 주체이어야 하나 현상형태에 있어서는 창조적 삶에 역행하고, 본질적으로 인간은 자아를 실현하려는 불사조의 열정에 몰입해야 함에도 불구하고 삶의 현상형태는 기본욕구의 노예로 전락해 있고, 본질적으로 인간은 사회적 주체이어야 하나, 그의 현실적 삶은 타산적이고 이기적인 욕구에 사로잡혀 있기 때문에 인간적 삶의 본질과 그 현상형태 사이에는 메울 수 없는 심연이 가로 놓여 있다. 마르크스가 소외라고 하는 것은 바로 이러한 본질과 현상의 괴리를 뜻한다. 이러한 비인간화와 소외의 근본원인은 개인의 도덕적 타락에 있다기보다는 정의롭지 못한 사회구조에 있다는 것이다.

일반적으로 마르크스의 사상을 인간소외와 그 극복방안을 집중적으로 논의하는 초기의 철학적 인간학과 자본주의적 생산양식의 내적 역동을 경제학적으로 분석한 후기의 역사적 유물론으로 구분한다. 전자는 그의 사상이 추구하는 목적이고, 후자는 이러한 목적달성을 위한 수단의 탐색이라고 보아야 한다. 그의 후기 사상은 자본주의적 생산양식의 전개과정에서 필연적으로 수반되는 갈등과 모순이 양적으로 누적되어 어떤 한계에 이르게 되면 질적 도약이 일어나 사회주의적 생산양식으로 이행될 수밖에 없는 역사발전의 필연적 법칙성을 밝힌 데 그 특징이 있다. 따라서 인간소외와 그 극복 방안에 관한 초기 사상은 목적설정이고, 후기 사상은 그 수단이기 때문에, 전기와 후기 사상이 정합성 있는 하나의 체계를 이루고 있다.

요컨대, 마르크스의 인간론은 종차에 착안하여 인간의 유적본질을 의식적, 창조적, 대자적 및 사회적 존재로 규정하고, 이론적으로 추상된 이러한 본질을 준거로 하여, 당시의 삶의 현상형태가 인간성의 긍정이라기보다는 오히려 그 부정이라고 비판한 후, 추상에서 구체로 하강하는 독특한 이론적 비판을 실천에 옮겼다는 데 그 두드러진 특징이 있다. 뿐만 아니라, 인간 연구를 위한 이러한 방법적 전환은 사실의 분석에 가치를 도입하고, 존재의 영역에 당위를, 그리고 필연의 영역에 자유의 영역을 도입함은 물론, 무엇보다도 냉철한 이론에 실천적 열정을 부여함으로써 사회철학의 규범적 토대를 마련한 것이다. 이상과 같이 의식에 나타난 현상만을 분석하는 매우 관념적이고 철학적인 헤겔의 소외 개념은 포이엘바하를 거쳐 마르크스에 이르러 비로소 구체적 현실에 직결된 사회학적 개념으로 변형된 것이다.

11.4 현대적 소외 개념

청년 마르크스의 이러한 소외론이 호르크하이머, 아도르노, 마르쿠제, 프롬 등 독일에서 망명해 온 프랑크푸르트 학파를 통해서 미국 사회학계에 전수되었다. 그러나 1950년대 말부터 본격화되기 시작한 미국 사회심리학자들의 소외이론은 마르크스와 상당히 다른 이론적 지향을 추구하게 된다. 그 차이점은 첫째로 소외를 개인의 내적 감정만을 문제로 삼는 주관적 현상으로 파악하는 것이고, 둘째로 소외를 유형별로 구분하고 이들 유형에 기인된 행동적 결과를 파악하는데 치중한 것이다.

소외 현상에 관한 사회심리학적 개념화에 선구적으로 기여한 사람은 캘리포니아 대학의 시이맨(Melvin Seeman)이다. 그는 1959년 미국사회학 회지에 발표한 소외의 의미(On the Meaning of Alienation)에 관한 논문을 통해서, 무력감, 무규범성, 고립감, 무의미성, 자기이탈 등 소외의 5가지 유형을 산출하는 사회적 조건과 이에 기인된 행동적 결과를 파악하려고 노력하였다.

① 무력감(powerlessness)

소속된 집단이나 조직 혹은 사회의 구조적 제약 때문에 자신의 문제도 스스로 결정할 수 없다고 느끼는 심리상태를 무력감이라고 한다. 무력감이라는 차원의 소외 개념은 원래 마르크스와 베버의 문명비판에서 제기된 것이다. 마르크스(Marx)에 있어서, 이는 자본주의적 생산양식 하에서 노동대상과 노동수단 그리고 생산방식 등에 관한 모든 결정권을 자본가에게 빼앗긴 노동자들의 무력감을 뜻하고, 베버(Weber)에 있어서, 이는 경제 영역뿐만 아니라, 정치, 종교, 교육, 언론, 문화 등 사회 모든 제도영역에 폭넓게 확산된 관료제적 조직의 구조적 제약 때문에 개인이 느끼는 무력감이다.

② 무규범성(normlessness)

여기서는 19세기적 아노미 현상과 20세기의 아노미 현상의 차이에 유의해야 한다. 1893년에 펴낸『사회분업론』(Division of Labor in Society)에서 뒤르껭(Durkheim)은 전통사회에서 산업사회로 급격한 사회변동이 일어날 때, 전통적 윤리규범은 빠른 속도로 붕괴되는데도 불구하고 사회구성원들의 사고와 행동을 규제할 수 있는 새로운 시민윤리가 미처 확립되기 이전의 규범적 혼란상태를 무규범성(normlessness) 혹은 아노미(anomie)라고 하였다. 요컨대, 이는 이질적 규범이 혼재함으로 인해서 우리가 느끼는 심리적 갈등상태라고 할 수 있다.

한편 머턴(Merton)은 뒤르껭의 아노미개념을 산업화가 고도화되어 전통윤리와 시민윤리의 갈등이 완전히 종결된 20세기 중반의 미국 같은 선진자본주의 사회에 적용될 수 있도록 수정한다. 머턴은 현대인의 심리적 갈등은 이질적 윤리규범이 섞여있기 때문이라기보다는 오히려 문화적 목표와 제도화된 수단의 괴리에 기인된 것이라고 본다. 어릴 때부터 우리는 돈 때문에 친한 친구나 부부간 및 형제간에도 다투고, 돈이 최고라느니, 혹은 돈 가지고 안 되는 것이 없으니 결국 돈을 벌어야 한다는 등 경제적 성공에 지고의 가치를 부여하는 문화적 가치를 내면화하면서 자란다. 그러나 경제적 성공에 이르는 제도적 수단, 말하자면 높은 수준의 교육을 받아서 보수가 좋은 직업을 가질 수 있는 기회는 결코 평등하다고 할 수 없다. 머턴은 이와 같이 문화적으로 강조되는 목표와 제도화된 수단의 괴리를 아노미적 상황이라고 규정하고, 목표와 수단의 괴리에 기인된 심리적 갈등인 아노미가 현대인이 느끼는 지배적 소외 유형이라고 본다.

③ 고립감(isolation)

고립감으로 유형화되는 소외 현상은 최소한 두 가지 차원으로 나누어 생각해야 한다. 하나는 사회적 고립이고, 다른 하나는 가치상의 고립이다. 사회적 고립(social isolation)은 사회적으로 수용되기 어려운 사람이 느끼는 심리적 고립감을 뜻하고, 가치상의 고립(value isolation)은 자기가 소속된 집단 구성원들이 추구하는 가치와 다른 가치를 추구하기 위해 스스로 자초한 고립을 뜻한다. 예컨대, 현대인의 일상을 이루는 대중문화에 의미를 부여하지 않을 뿐만 아니라, 대중문화에 탐닉한 사람들을 연민의 시선으로 바라보면서 스스로를 그들과 분리시키거나, 끝없는 부의 축적이나 경제적 성공을 추구하는 자본주의 사회의 문화적 가치를 거부하는 경우도 가치상의 고립이라고 할 수 있다.

④ 무의미성(meaninglessness)

오늘날 걷잡을 수 없이 가열되고 있는 이슬람 근본주의와 서방세계간의 갈등의 전개과정에서 만족할만한 결과를 예측할 수도 없고 이해할 수도 없다는 느낌이 확산되어 있다. 이와 같이 역사적 사건의 진정한 의미도 찾을 수 없고 만족할만한 결과를 예측할 수도 없다는 느낌을 무의미성이라고 한다. 뿐만 아니라, 주어진 목적달성의 능률성만을 추구하고,

그 목적의 본질적 가치에 대한 근본적 성찰을 외면하는 시대사조에 대한 회의적 느낌도 무의미성이라는 소외감이라 할 수 있다.

⑤ 자아이탈(self-estrangement)

자아이탈 혹은 자기소원(疏遠)이라고 부르는 소외의 이 유형은 가장 난해하면서도 다른 유형의 소외 개념들과 깊이 관련된 가장 근본적 개념이다. 『건전한 사회』(The Sane Society)에서, 에리히 프롬(Fromm)은 우리가 스스로를 이방인으로 경험하는 현상, 말하자면 '내가 내 정신이 아니라'고 느끼는 현상을 자아이탈이라고 규정한다. 이와 유사하게 밀스(C. Wright Mills)도 우리가 은밀하게 서로를 도구적 존재로 이용하는 추세가 심화되어 결국 현대인은 그 자체로서 존엄한 목적적 존재이어야 하는 본연의 모습에서 이탈하여 도구적 존재로 전락하게 되는 현상을 현대인의 자아이탈이라고 정의한다.

이상에서 개관한 것처럼, 조직이나 집단의 구조적 제약 때문에 자신의 문제도 스스로 결정할 수 없다고 느끼는 무력감, 이질적 규범의 혼재로 인한 갈등이나 혹은 목적과 수단의 괴리에 기인된 심리적 갈등인 아노미, 사회적으로 수용되기를 기대하기 어렵다는 데서 오는 고립감, 실체적 합리성은 외면하고 목적합리성만을 숭상하는 무의미성 및 스스로를 이방인으로 느끼는 자아이탈 등으로 정의되는 것이 소외이기 때문에 소외를 극복해야 한다는 것은 거역할 수 없는 하나의 당위라 할 수 있다. 그러나 인간은 가끔 뼈저린 소외를 의식하고, 바로 이러한 소외를 극복하기 위해 정면도전하는 과정에서 자신의 삶을 한 단계 더 높은 경지로 고양시킬 수 있는 것이다. 이와 같이 소외와 탈소외의 끊임없는 자기운동의 과정에서 비로소 인간은 자신의 잠재능력을 단계적으로 실현할 수 있다. 그래서 소외가 항상 부정적인 것은 아니다. 이제 나에겐 더 이상 희망이 없다고 실망할 정도로 심각한 절망과 소외가 엄습하는 참담한 순간에도, 자기 존재의 깊은 심연에 신비로운 희망의 새싹이 움트고 있다는 사실을 통찰할 수 있어야 한다.

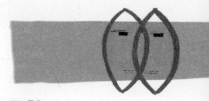

참고문헌

■ 국내문헌

고영복 편,『사회심리학개론』, 사회문화연구소, 1997.

김경동,『현대의 사회학』, 박영사, 1990.

김종철·최장집,『지역감정 연구』, 학민사, 1991.

나은영, 「태도 및 태도변화 연구의 최근 동향: 1985~1994」,『한국심리학회지: 사회』, 한국심리학회, 1994.

박옥희, 「태도와 행동의 관계에 관한 연구」,『한국사회학』제25집 여름호, 한국사회학회, 1991.

윤진·최상진 역, 애런슨(Aronson) 저,『사회심리학』, 탐구당, 1990.

이동원· 박옥희 공저,『사회심리학』, 학지사, 2001.

이동원 역, 킨치(Kinch) 저,『사회심리학』, 현대의학서적사, 1982.

이성식·전신현 편역,『감정사회학』, 한울, 1995.

이훈구,『사회심리학』, 법문사, 1995.

임희섭,『한국의 사회변동과 가치관』, 나남, 1994.

전병재,『인간과 사회』, 경문사, 1997.

최상진·송영호, 「한국의 지역편견에 대한 사회심리학적 한 분석」,『한국심리

학회지: 산업 및 조직』, 한국심리학회, 1990.

한규석, 『사회심리학의 이해』, 학지사, 1995.

홍대식 편저, 『사회심리학』, 양영각, 1994.

홍성열 역. 테일러(Taylor) 저, 『범죄행위는 유전적인가?』, 성원사, 1991.

최순영 역. 켈리(Kelly) 저, 『귀인이론』, 중앙적성출판사, 1991.

■ 외국문헌

Ajzen, L., and M. Fishbein, *Understanding attitudes and predicting social behavior,* Englewood Cliffs, NJ : Prentice-Hall, 1990.

Allport, G.. The historical background of modern social psychology, in G. Lindzey (ed.), *Handbook of social psychology,* Cambridge, MA: Addison-Wesley, 1954.

Allport, G., *The nature of prejudice, reading,* MA: Addison-Wesley, 1954.

Argyle, M.,. *The social psychology of everyday life,* London: Routledge, 1992.

Argyle, M., M. Henderson, and A. Furnham, The rules of social relationships, *British journal of social psychology,* vol. 24, 1985.

Aronson, E., The theory of cognitive dissonance: A Current Perspective, in L. Berkowitz (ed.), *Advances in experimental social psychology* vol.4, 1969.

Asch, S., Opinions and Social Pressure. *Scientific American* vol.19, 1955.

Bandura, A., *Aggression: A social learning analysis,* Englewood Cliffs, NJ: Prentice-Hall, 1973.

_____ , *Social foundations of thought and actions,* Englewood Cliffs, NJ: Prentice-Hall. 1986.

Baron, R., and D. Byrne, *Social psychology : Understanding human interaction,* Boston, MA: Allyn and Bacon, 1991.

Becker, H., *Outsiders: Studies in the sociology of deviance,* NY: the Free Press, 1963.

Bem, D., Self-perception: An alternative interpretation of cognitive dissoance phenomenon, *Psychological review* vol.74, 1967.

Berkwowitz, L., On the formation and regulation of anger and aggression: A cognitive neo-associationistic analysis, *American psychologist*, 45, 1990.

Box, S., *Crime and mystification,* NY: Travistock Publications, 1983.

Briggs, S. R., Personality measurement, In V. J. Derlega, B. A. Winstead, & W. H. Jones(Eds.). *Personality: Contemporary theory and research*, Chicago: Nelson-Hall, 1991.

Brown, R., *Group processes: Dynamics within and between groups*. NY: Basil Blackwell, 1988.

Cartwright, D., Contemporary Social Psychology in Historical Perspective, *Social psychology quarterly* vol.42, 1979.

_____ , The nature of group cohesiveness. In D. Cartwright & A. Zander (Eds.), *Group dynamics: research and theory*(3rd ed.), New York: Harper &Row, 1968.

Cooley, C., *Human nature and the social order*. Boston: Scribner, 1902.

Cooley, C., *Social organization*, NY: The Free Press, 1912.

Crutchfield, R. A., Conformity and character, *American psychologist*, vol.10, 1995.

Davidson, A., S. Yantis, M. Norwood, and D. Montano, Amount of information about the attitude object and attitude-behavior consistency. *Journal of personality and social psychology* vol.49, 1985.

Festinger, L., A Theory of social comparison processes. *Human relations* vol.7, 1954.

Festinger, L., and J. Carlsmith, Cognitive consequences of forced compliance. *Journal of abnormal and social psychology* vol.58, 1959.

Fazio, R., M. Zanna and J. Cooper, Dissonance and Self-perception: An integrative view of each theory's proper domain of application. *Journal of experimental social psychology* vol.13, 1977.

Feldman, R. S., *Social psychology,* New Jersey: Prentice Hall, 1995.

Fiske, S. and S. Taylor, *Social cognition. Reading*. MA: Addison-Wesley, 1904.

Forsyth, D., *Group dynamics,* Pacific Grove, CA: Brooks/Cole, 1990.

Franzoi, S., *Social psychology*. Madison: Brown and Bench mark, 1996.

Griffin, D., & Buehler, R., Role of construal processes in conformity and dissent: *Journal of personality and social psychology*, 65, 1993.

Harvey, J., W. Ickes, and R. Kidd (eds.), *New directions in attribution theory* vol.2. Hillsdale, NJ: Erlbaum, 1978.

Hinsz V., and J. Davis, Persuasive arguments theory, group polarization and choice shifts. *Personality and social psychology bulletin* vol.10, 1984.

Jones, E. E., *Interpersonal perception*, New York: Freeman, 1990.

Kaplan, H., *Deviant behavior in defense of self.* NY: Academic Press, 1980.

La Piere, R., Attitudes versus actions. *Social Forces* vol.13, 1934.

Lauer, R., and W. Handel, *Social psychology: The theory and application of symbolic interactionism.* Boston: Houghton Mifflin Company, 1977.

Lewis, M., and C. Saari, *The socialization of emotions.* NY: Plenum, 1985.

Luginbuhl, J., & Palmer, R., Impression management aspects of Self-handicapping: Positive and negative effects. *Personality and social psychology bulletin*, 17, 1991.

Markus, H., and S. Kitayama, Culture and the Self: Implications for cognition, emotion and motivation. *Psychological review* vol.98, 1991.

Markus, H., Smith, J., & Moreland, R. L., Role of the self-concept in the perception of others, *Journal of personality and social psychology*, 49, 1985.

Meltzer, B, J. Petras, and L. Reynolds, *Symbolic interactionism: Genesis, varieties and criticism.* Boston: Routledge and Kegan Paul, 1980.

Moscovici, S., Social influence and conformity, in G. Lindzey and E. Aronson (eds.). *Handbook of social psychology* vol.2, 1985.

Norman, R., Affective-cognitive consistency, attitudes, conformity, and behavior. *Journal of personality and social psychology* vol.32, 1975.

Paulus, P. (ed.), *Basic group processes.* NY: Springer, 1983.

Petty, R., and J. Cacioppo, *Communication and persuasion: Central and peripheral routes to attitude change.* NY: Springer-Verlag, 1986.

Rokeach, M., and P. Kliejunas, Behavior as a function of attitude toward object and attitude toward situation. *Journal of personality and social psychology* vol.22, 1972.

Roseman, I. J, & Wiest, C., & Swartz, T. S., Phenomenology, behaviors and goals differentiate discrete emotions, *Journal of personality and social psychology*, 67, 1994.

Ross, L. D., & Lepper, M. R., The perseverance of beliefs: Empirical and normative considerations. In R. A. Shweder (Ed.), *New directions for methodology of behavioral science: Fallible judgment in behavioral research*. San Francisco: Jossy-Bass, 1980.

Safer, M. A., Attributing evil to the subject. not the situation, *Personality and social psychology bulletin*, 6, 1980.

Scheff, T., Toward integration in the social psychology of emotions. *Annual review of sociology* vol.9, 1983.

Shott, S., Emotion and social life: A symbolic interactionist analysis. *American journal of sociology* vol.84, 1979.

Stroessner, S. J., Hamilton, D. L., & Mackie, D. M., Affect and stereotyping: The effect of induced mood on distinctiveness-based illusory correlations, *Journal of personality and social psychology*, 62, 1992.

Stryker, S., Developments in two social psychologies: Toward an appreciation of mutual relevance. *Sociometry* vol.40, 1977.

Taylor, E. E., Peplau, L. A., & Sears, D. O., *Social psychology* (3rd ed.), N.J: Prentice Hall, 2000.

Ting-Toomey, S., A face-negotiation theory, in Y. Kim and W. Gudykunst (eds.), *Theory in international communications*, Newbury Park, CA: Sage, 1988.

Vold, G., and T. Bernard, *Theoretical criminology*. Oxford: Oxford University Press, 1998.

Vonk, R., The negativity effect in trait ratings and in open-ended descriptions of persons, *Personality and social psychology Bulletin*, 19, 1991.

Walters, G. D., *Foundations of criminal behavior: The development of knowledge* (vol.1), N.Y: Praeger, 1992.

Weiner, B., H. Heckhausen, W. Meyer, and R. Cook, Causal ascriptions and achievement behavior: A conceptual analysis of effort and reanalysis of locus of control. *Journal of personality and social psychology* vol.21, 1972.

West, S., and R. Wicklund, *A primer of social psychological theories.* NY: Brooks/Cole, 1980.

Williamson, G. M., & Clark, M. S., Impact of desired relationship type on affective reactions to choosing and being required to help, *Personality and social psychology bulletin,* 18, 1992.

Wilson, D., and R. Schafer, Is social psychology interdisciplinary?. *Personality and social psychology bulletin* vol.4, 1978.

Zebrowitz, L. A., *Social perception.* Pacific Grove, CA:Brooks/Cole, 1990.

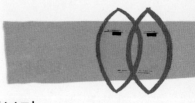

찾아보기